Jörg Becker
Andreas Hülsmann

Spurensuche

Jörg Becker
Andreas Hülsmann

Spurensuche

rukka

Die Motorradreisebücher im
HIGHLIGHTSVERLAG

Fotos Titel

oben: In Billiluna erreichen wir wieder die Zivilisation.
unten: Die Dünen der Great Sandy Desert ziehen uns die Energie aus dem Körper.

1. Auflage 2006

Fotos: Andreas Hülsmann
Lektorat: Martin Schempp
Gestaltung: Sylva Harasim
Druck und Bindung: Ebner & Spiegel, Ulm
Lithographie: Collibri, Königswinter

ISBN 3-933385-32-6

Inhalt

Vorwort

Der Weg in die Einsamkeit

Sie gilt als die längste Offroad-Piste der Welt und zieht sich 2.000 Kilometer lang durch das Outback im Westen Australiens: die Canning Stock Route. Der ehemalige Viehtrack wurde vor 100 Jahren angelegt, um die Rinderherden aus der Kimberley-Region zu den Goldfeldern rund um Kalgoorlie zu treiben. Er führt durch drei Wüsten und überquert mehr als 1.000 Sanddünen. Der Weg ist einsam: Ein Treibstofflager und eine Siedlung der australischen Ureinwohner sind die einzigen Spuren der Zivilisation in der endlosen Weite der Wildnis. Manche Teilstücke liegen so weit fernab, dass sie nicht einmal per Hubschrauber erreicht werden können. Bisher wurde die Strecke nahezu ausnahmslos mit allradgetriebenen Geländewagen bewältigt.

Wir, Jörg Becker und Andreas Hülsmann, brauchten drei Wochen, um die Canning Stock Route als erste Europäer im Alleingang auf zwei Motorrädern zu bezwingen. Drei Wochen hören sich nach einer Urlaubsreise an.

Drei Wochen werden jedoch in der Weite des Outbacks zigfach multipliziert und dehnen sich zur Ewigkeit.

Mit der Canning erfüllten wir uns einen lang gehegten Traum. Nachdem wir schon auf so vielen unbefestigten Pfaden der Welt unterwegs waren, wollten wir auch noch die Königin der Pisten unter die Räder nehmen.

Nach mehr als einem Jahr Vorbereitung machten wir uns Ende Juni 2004 auf den Weg in die Einsamkeit, um den Spuren der legendären Viehtreiber zu folgen. An Bord unserer beiden BMW F 650 verstauten wir je 64 Liter Benzin, 24 Liter Wasser, Lebensmittel für drei Wochen und zusätzliche Ausrüstung. Wir brachen auf in eine menschenleere Region, in der Distanzen nicht in Kilometern gemessen werden, sondern in Wasserlöchern und Sanddünen.

Was uns erwartete, ging manchmal über die Grenzen unserer physischen und mentalen Leistungsfähigkeit hinaus. Und war doch nichts im Vergleich zu dem, was damals die »Stockmen«, die australischen Cowboys, auszuhalten hatten. Unsere Expedition auf den Spuren dieser großartigen Männer war nicht nur ein Abenteuer. Sie war auch eine Zeitreise, aus der wir gestärkt am Körper und gereift im Geist wieder zurückkamen.

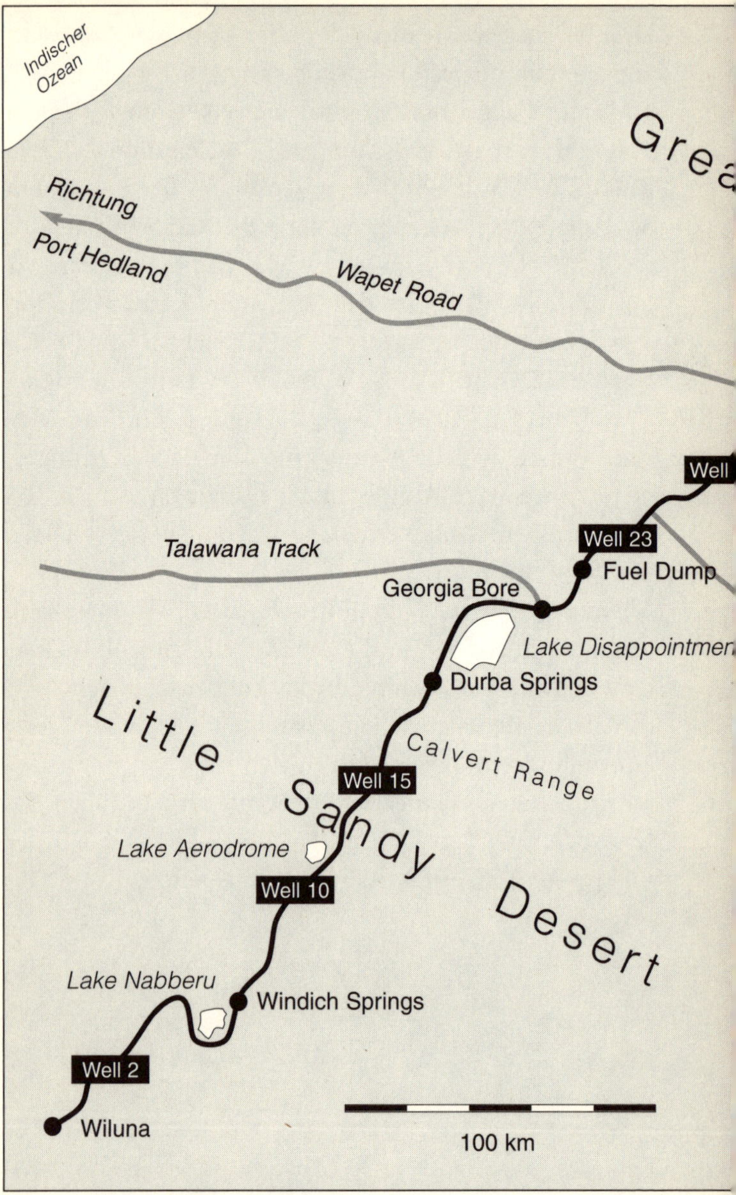
Indischer Ozean
Great
Richtung Port Hedland
Wapet Road
Well
Well 23
Talawana Track
Fuel Dump
Georgia Bore
Lake Disappointmen
Durba Springs
Little Sandy Desert
Calvert Range
Well 15
Lake Aerodrome
Well 10
Lake Nabberu
Windich Springs
Well 2
Wiluna
100 km

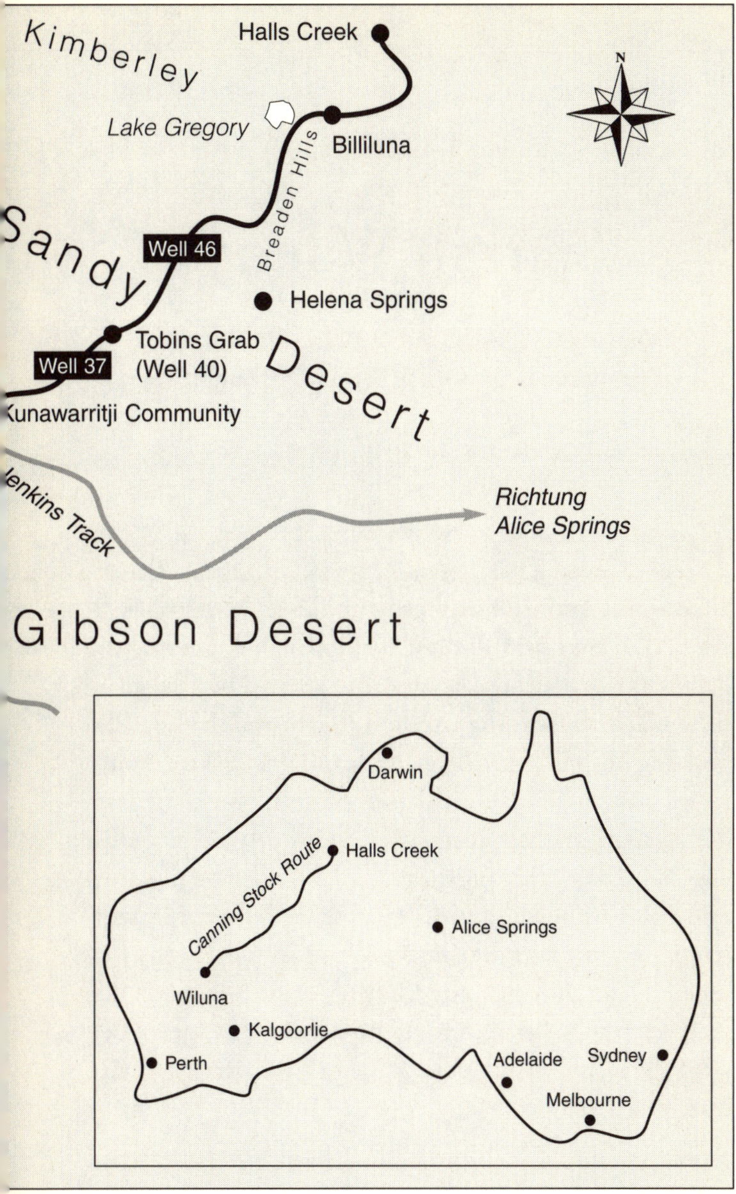

Kimberley
Halls Creek
Lake Gregory
Billiluna
Breaden Hills
Sandy
Well 46
Helena Springs
Tobins Grab
(Well 40)
Well 37
Desert
unawarritji Community
enkins Track
Richtung
Alice Springs
Gibson Desert
Darwin
Halls Creek
Canning Stock Route
Alice Springs
Wiluna
Kalgoorlie
Perth
Adelaide
Sydney
Melbourne

Kapitel 1 – A. Hülsmann

Start in Wiluna

»Wenn die Abgeschiedenheit eine Heimat hätte,
dann wäre dieser Ort sicherlich ihr Zuhause.«

Plötzlich ist alles verschwunden. Einfach weg. Über ein Jahr habe ich diesem Moment entgegengefiebert, Sehnsüchte und Erwartungen auf diesen Augenblick fixiert. Und nun sind all diese Gefühle dahin. Sie sind der Rationalität gewichen. Emotionale Leere. Die Gedanken haben sich an der Ausrüstung festgebissen. Ist alles dabei? Nichts vergessen? Reicht das Benzin? Wird es unterwegs auch genügend Wasser geben? Das ist sie nun, die Realität, nichts Heroisches, keine Euphorie. Selbst der Reiz, dass die längste Piste der Welt vor uns liegt und wir sie mit nur zwei Motorrädern bezwingen wollen, ist verloren gegangen. Von Jörg ist kaum etwas zu sehen. Dann und wann durchdringt seine Silhouette den dichten Staub, der durch mein Hinterrad aufgewirbelt wird. Der Ärmste schluckt all den Dreck, der sich träge und zäh in der Luft hält.

Vor wenigen Sekunden haben wir die Grenze zur Unendlichkeit überschritten. In Wiluna ist diese Linie klar und scharf gezogen: Direkt hinter dem Pub, dort wo der Asphalt endet und für die nächsten 2.000 Kilometer die Piste beginnt. Die Grenze zwischen Zivilisation und der endlosen Weite des Outbacks.

Wiluna macht einem den Abschied von der Zivilisation nicht sonderlich schwer. Wenn die Abgeschiedenheit eine Heimat hätte, dann wäre dieser Ort sicherlich ihr Zuhause. Für denjenigen, der über die Canning Stock Route ins 2.000 Kilometer entfernte Halls Creek möchte, ist er jedoch der letzte menschliche Stützpunkt. In Wiluna ist die Zeit nicht stehen geblieben, sie ist schlicht nicht vorhanden. Der Ort ein Mikrokosmos mit einem eigenen Rhythmus. Was draußen in der Welt passiert, interessiert am Rande der Little Sandy Desert nicht sonderlich. Politik, selbst die im eigenen Land, ist durch die Distanz zur Bedeutungslosigkeit verdammt. Allenfalls Pferderennen und die Football-Ergebnisse schaffen es manchmal, in das Zentrum des Interesses zu rücken.

Mittelpunkt des gesellschaftlichen Lebens in Wiluna ist der Pub. Mit Abstand das größte Gebäude im Ort. Im Umkreis von 300 Kilometern ist er die einzige Kneipe und für die meisten Menschen, die hier leben, wahrscheinlich der einzige Grund, in Wiluna zu bleiben. Im Pub herrscht noch die alte Ordnung, die ziemlich einfach strukturiert ist – schwarz und weiß. Hier der Barraum für die Weißen, mit dem Charme eines gekachelten Partykellers. Die Grundausstattung dem Ort angemessen schlicht: Bierdeckel an der Wand, dazwischen ein Poster von den »Glorreichen Sieben«, einem Western-Klassiker mit Yul Brynner, das Ganze verziert mit den Emblemen der beliebtesten australischen Football-Clubs.

Gegenüber der kleine Saal für die Aborigines. Die Zeitlosigkeit des Mobiliars drückt sich dadurch aus, dass es gar nicht vorhanden ist. Nur mintgrüne Kacheln an den Wänden und auf dem Fußboden. Wie in einer Wurstküche. Ein Raum, den man nur betreten möchte, wenn man es muss. Die Ureinwohner, die in Wiluna leben, haben keine Wahl – für sie ist der Vorhof zur Hölle mintgrün. Nur im Delirium, so scheint es, können viele Aborigines die Welt des weißen Mannes ertragen. Was für sie zählt, sind nicht mehr ihre Mythen und Riten, sondern der Alkohol ist für die meisten der Mittelpunkt des Lebens geworden. Ein fürchterliches Erwachen aus der so genannten Dreamtime, aus der ihrem Glauben nach das Leben entstand. Doch ihr Brauchtum ist kaum noch vorhanden. Es scheint, als bewegten sich die Ureinwohner Australiens im Niemandsland. Die Welt ihrer Vorfahren haben sie längst verlassen, doch in der Welt der Weißen werden sie wohl nie ankommen.

Wasser und Benzin zerren am Heck der BMW F 650. 64 Liter Sprit hat jeder von uns dabei. Hinzu kommen 24 Liter Wasser. Dann die Ausrüstung: Foto-Equipment, Werkzeug, Ersatzteile,Verpflegung und Erste-Hilfe-Set. Als hauptberuflicher Rettungssanitäter hat Jörg in die Vollen gegriffen. Ich bin mir sicher, er könnte mir irgendwo da draußen sogar den Blinddarm herausnehmen. Für nur jede erdenkliche Verletzung hat er sich gerüstet. So viel Vorsorge hat ihren Preis: Mit einem

Startgewicht von je 340 Kilogramm sind wir in Wiluna aufgebrochen. Der Einzylinder hat die Manövrierfähigkeit eines Öltankers. Wie damals während meiner Auszeit in Südamerika die gute alte Yamaha Ténéré. Auch sie war hoffnungslos überladen. Mit einem Rahmenbruch lehnte sie sich gegen die ihr aufgebürdete Last auf. Deshalb wollte ich mich diesmal einschränken. Geklappt hat es jedoch nicht wirklich.

Schon längst kreisen meine Gedanken nicht mehr um die Ausrüstung, es geht nur noch darum, oben zu bleiben. Jede Bodenwelle ist eine Lehrstunde in Sachen Grundlagenphysik. Die Gesetze der Massenträgheit können einem anschaulicher kaum vor Augen geführt werden. Die Unebenheiten sorgen für reichlich Emotionen. Doch es ist nicht Euphorie, die ich fühle, sondern pure Angst.

Aber weshalb, frage ich mich. Während der monatelangen Vorbereitungen waren wir noch von einer unbändigen Spannung und Vorfreude beherrscht. Endlich sollte ein lang gehegter Traum in Erfüllung gehen – die Befahrung der berühmt berüchtigten Canning Stock Route. Als erste Europäer ohne Begleitfahrzeug auf Motorrädern. Eine große Herausforderung, der wir mit Unterstützung des Offroad-Ausrüsters Touratech begegnen würden. Die Jungs aus Niedereschach legten sich mächtig für uns ins Zeug. Halfen bei der Planung, dem Abstecken der Route am Computer, dem Zusammenstellen der Ausrüstung, dem Aufbau der Motorräder. Während dieser Zeit vollführte unser Stimmungsbarometer wahre Höhenflüge.

Doch nun erobern Zweifel meinen Kopf, Unbehagen bemächtigt sich meiner Gefühlswelt. Ich bin mir auf einmal nicht mehr sicher, ob es wirklich eine so gute Idee war, sich mit einem schwergewichtigen Motorrad fast 2.000 Kilometer lang durch den Sand zu quälen. 1.000 Dünen warten da draußen auf uns. Wir sind dabei, eine der einsamsten Gegenden dieser Erde zu durchqueren. Bis jetzt ist die Piste zwar noch breit und von der Dimension einer Autobahn, doch das dürfte sich auf den nächsten Kilometern dramatisch ändern. »The Canning is just a wheel track in the desert«, sagte die Dame an der Tankstelle. Die Canning – nicht mehr als eine Reifenspur in der Wüste. Ihre Stimme klang routiniert, als würde sie diesen Satz öfter zitieren. »Where is the car?«, fragte sie. Nein, antwortete ich, wir hätten kein Auto dabei. Als sie unser Vorhaben erkannte, diesen alten Viehtrack auf zwei Motorrädern ohne Begleitfahrzeug in Angriff zu nehmen, mischte sich Besorgnis in ihren Ton. Ob wir uns im Klaren seien, was wir da vorhätten, wollte sie wissen. »This is not an easy sunday afternoon ride«, gab sie uns zu verstehen. Kein einfacher Sonntag-Nachmittags-Ausflug also.

Wie sich herausstellte, kamen ihre Befürchtungen nicht von ungefähr. Mit Deutschen machte man hier draußen wohl schon schlechte Erfahrungen. Die Geschichte von vor zwei Jahren war der Frau noch in lebhafter Erinnerung. Damals fuhr ein Deutscher von Wiluna mit einem Geländewagen los. Er wollte die Canning in drei bis vier Tagen »erledigen«. Das seien doch nur knapp 2.000 Kilometer, meinte er und brach mit ein paar Litern Wasser, einem Sixpack Bier und einigen Keksen auf. Irgendwo in der Wüste fuhr er sich fest, und nur durch Zufall fand man ihn nach einigen Tagen. Anstatt sich zu bedanken, beschimpfte er seine Retter aufs Übelste. Weshalb sie so spät kämen, und was das überhaupt für ein Land sei: Keine Geschäfte, nirgendwo eine Tankstelle geschweige denn ein Pub, und mit seinem Handy bekäme er kein Netz. Nicht eine Menschenseele hätte er unterwegs getroffen.

Die Geschichte ging damals durch die australischen Medien. Ahnungslose Greenhorns, die das Abenteuer suchen, aber nicht die geringste Ahnung haben, was im Outback abläuft. Solche Ereignisse prägen. Da ist es nicht verwunderlich, dass viele Australier glauben, ein derartiges Verhalten sei typisch deutsch.

Wir versuchten, die Tankstellen-Lady von der Seriösität unseres Unternehmens zu überzeugen und das schlechte Image unserer Landsleute zu verbessern. Ich geriet beinahe ins Schwärmen, als ich ihr von unseren Vorbereitungen erzählte. Vielleicht wollte ich mich auch selbst überzeugen. Die Gründe für unser Vorhaben nannte ich nicht. Die hätte sie wohl noch weniger verstanden. Herausforderung und Abenteuer? Das Leben in Wiluna ist vermutlich schon Herausforderung genug. Zum Schluss wünschte sie uns noch viel Glück und ermahnte uns, vorsichtig zu sein. Denn es sei ziemlich einsam da draußen.

»Da draußen« beginnt ca. 40 Kilometer hinter Wiluna. Ein großes Schild markiert den Start der Canning Stock

Route. Ohne das Ding könnte man den Einstieg zur längsten Piste der Welt glatt verpassen. Unauffällig zweigt eine Spur nach rechts ins Gebüsch ab. Die Aufschrift auf dem Schild ist mehr Warnung als Hinweis. Das ist er also, der legendäre Viehtrack. Jedem australischen Offroad-Fan treiben schon allein die Buchstaben CSR Tränen in die Augen. Doch was wir sehen, ist absolut nichts Spektakuläres. Nicht mehr als ein Feldweg, der sich schon ein paar Meter weiter zwischen den Büschen verliert. Das mit der Spur im Sand haut auch nicht so ganz hin. Es sind mehrere Spuren, die sich immer wieder teilen, und schon auf den ersten Metern haben wir Schwierigkeiten, die eigentliche Piste im Auge zu behalten.

Zum Glück hat mein GPS das nächste Ziel schon längst erfasst. Es muss sich wenige hundert Meter geradeaus befinden. 26° 16’ 59” Süd, 120° 12’ 28” Ost – Well 2, Brunnen Nummer zwei von insgesamt 51 Stück entlang der Piste. An die erste historische Wasserstelle ganz in der Nähe von Wiluna haben wir in unserer Aufregung gar nicht gedacht. Zu sehr waren wir mit dem Aufbruch beschäftigt. In gespannter Erwartung nähern wir uns nun Well 2. Die Spurensuche beginnt. Gleich werden wir etwas sehen, worüber wir bisher nur gelesen haben. Doch Well 2 ist nichts Besonderes: Ein riesiges Fass aus Wellblech, an dem der Zahn der Zeit schon sehr kräftig genagt hat. Von dem alten Brunnen ist nichts mehr übrig.

Dennoch ist unsere Neugier erwacht. Was kommt als nächstes? Wie geht es weiter? Auf einmal ist die Euphorie wieder da. Wir sind im Outback. Endlich. Und vor uns die Canning Stock Route. Kein Gedanke mehr an überladene Motorräder, Spritmangel, Wasserknappheit, Stürze, Verletzungen.

Aufgeregt balancieren wir unsere Motorräder durch eine der beiden schmalen Furchen, aus denen der Weg besteht. 30 Zentimeter, nicht mehr, hat jeder von uns zum Manövrieren. Wir wollen heute noch einige Kilometer schaffen. Der Aufbruch in Wiluna kostete Zeit. Es gab noch jede Menge zu erledigen. Telefonieren, Einkaufen, Tanken und das Abmelden bei der Polizei. Eine Vorsichtsmaßnahme und ein beruhigendes Gefühl. Der offizielle Abschied bestand aus einem Blatt Papier mit mehreren Fragen. Wieviel Benzin und Wasser wir dabei hätten, wie wir Kontakt zur Außenwelt halten wollten? Mit welchen Fahrzeugen wir unterwegs seien? Wie groß die Gruppe sei, voraussichtliche Ankunft in Halls Creek und wer im Notfall verständigt werden sollte?

Ganz beiläufig erledigte der Polizist diese Amtshandlung. Sie schien für ihn eine lästige Pflicht zu sein, und er gab sich keine Mühe, dies zu verbergen. Widerwillig stopfte er das Blatt in eine der Ablagen auf seinem Schreibtisch. Eigentlich hätte er es genauso gut in den Papierkorb werfen können. Ob man uns im Ernstfall wirklich helfen würde? Ich hakte nach. Der stattliche Beamte stemmte sich von seinem Schreibtisch hoch und kam mit ernster Miene auf mich zu. Er beugte sich weit über den Tresen, als wollte er mir ins Gewissen reden. Zu oft schon seien Suchtrupps ins Outback gezogen, um Leute zu suchen, erklärte er. In den meisten Fällen vergebens, da die Vermissten nicht selten in irgendeinem

Pub gesessen und ein kühles Bier genossen hätten. Sie hätten einfach vergessen, sich am Zielort zurückzumelden. Natürlich erinnerte auch er sich an die Geschichte mit dem Deutschen. »You are responsible for your own safety!« Mit diesem Ratschlag drehte er sich um und setzte sich wieder an seinen Schreibtisch.

Im australischen Winter versinkt die Sonne schnell hinter dem Horizont. Es ist nicht einmal 17.00 Uhr am Nachmittag, und die Dämmerung setzt ein. Gerade 60 Kilometer haben wir am heutigen Tag geschafft. Nicht ermutigend, denn seit dem Abzweig zur Piste geht es fast nur noch im Schritttempo voran. Mehr als 30 Stundenkilometer sind nicht drin. Ich habe es noch nicht einmal geschafft, in den 3. Gang zu schalten. Die Granites, das eigentliche Etappenziel, können wir uns abschminken. Für heute bleibt diese kleine Felsformation unerreichbar. Wir bedienen uns daher aus dem reichhaltigen Angebot an wilden Campingplätzen. Mit dem letzten Tageslicht schlagen wir das Zelt zwischen dem Spinifexgras auf.

Langsam fällt die Aufregung des ersten Tages von uns ab. Die Zeit des Lagerfeuers beginnt. Verdorrtes Holz gibt es mehr als genug, mit dem Nachschub wird es trotzdem schwierig. Die Flammen scheinen die furztrockenen Äste förmlich zu verschlingen.

Jörg und ich reflektieren den Tag. Ist die CSR so überhaupt zu schaffen? Unter diesen Bedingungen? Mit diesen Motorrädern? Die letzten Kilometer hatten mit Motorrad fahren nicht viel zu tun, sie glichen vielmehr einem Kampf. Von Beginn an zeigt sich die Canning Stock Route unerbittlich. Dabei war der heutige Tag sicher nur ein Vorgeschmack darauf, was uns in nächster Zeit noch alles erwartet. Eines ist sicher: Besser wird die Piste auf gar keinen Fall.

Kälte kriecht langsam durch die Kleidung. Es ist nicht einmal 20.00 Uhr, und die Quecksilbersäule steht schon knapp vor dem Gefrierpunkt. Jörg fühlt sich nicht wohl, und so liegen wir beide schon früh in unseren Schlafsäcken im Zelt. Die Winternächte im Outback sind lang und geräuschlos. Für den Zivilisationsmenschen, der ständig irgendeinen Lärm um sich herum gewohnt ist, eine ganz und gar neue Empfindung. Alleine mit sich selbst. Vollkommene Stille. Freiräume für Gedanken. Es scheint so, als würde diese absolute Ruhe die Unendlichkeit des Outbacks noch unterstreichen. Stimmungen verstärken. In die eine oder andere Richtung. Denn die Leblosigkeit der Nacht kann auch schwermütig machen. Dann kommt einem das Heulen eines Dingos fast wie eine Erlösung vor.

In Gedanken gehe ich die Etappen durch. Fragen drängen sich auf. Sollte es bei diesen Distanzen bleiben, werden die Vorräte nicht reichen. Ein oder zwei Tage ohne Nahrung wären ja nicht so schlimm. Aber was ist mit dem Wasser? Wird es auch genießbar sein? Well 3 wird es zeigen. Der Brunnen soll vor einigen Jahren restauriert worden sein und trinkbares Wasser führen.

Morgen müssen wir früh raus. Die Sonne scheint zu dieser Jahreszeit maximal 11 Stunden am Tag. Bis nach Windich Springs, dem nächsten Ziel, sind es etwas mehr als 100 Kilometer. Wenn wir dieses Wasserloch erreichen wollen, dürfen wir nicht trödeln. Das verlangt nach Disziplin.

Der nächste Morgen beginnt mit einer Überraschung: Jörg ist krank, ihn hat es richtig erwischt. Diarrhö, wie er selbst diagnostiziert. Dünnpfiff im Endstadium. Wir betreiben Ursachenforschung. Das Wasser von Wiluna kann es nicht gewesen sein, denn mir geht es blendend. Was immer auch der Auslöser war, derartige Symptome treten immer mit starkem Flüssigkeitsverlust auf, und das ist in Gegenden wie dieser gar nicht gut. Noch ist Wiluna in erreichbarer Nähe, aber eine Umkehr würde den ganzen Zeitplan durcheinander bringen. Jörg, der sich auf alle medizinischen Eventualitäten vorbereitet hat, fährt schwere Geschütze auf. Tief unten im Koffer schlummert die Rettung. Jörg kramt die Medikamentenbox heraus. In der Hoffnung, dass wir diese kleine Schachtel nie ans Tageslicht zerren müssen, haben wir sie im hintersten Winkel der Alukiste verstaut.

Jörg öffnet die Schachtel und hält mir eine Packung mit den Worten entgegen: »Das ist ein echter Hammer«. Eine Alternative in abgeschwächter Form wird gar nicht erst in Erwägung gezogen. Radikalkur. Der Punkt Nebenwirkungen auf dem Beipackzettel, den er laut vorliest, ist fast so lang wie unsere Ausrüstungsliste. Ich höre besser gar nicht erst hin. Bekomme aber so viel mit, dass dieses Medikament so ziemlich alles lahm legt, was irgendwie mit Verdauung zu tun hat.

Die interne Sprechstunde kostet Zeit. Auch die Tabletten zeigen nicht sofort Wirkung, so dass für Jörg die unmittelbare Präsenz von dichten Büschen zunächst unverzichtbar bleibt.

Es geht schon stramm auf Mittag zu, als wir endlich auf den Motorrädern sitzen. Was dann folgt, geht gewaltig an die Kräfte. Motorrad fahren unter Extrembedingungen. Immer wieder kreuzen »Wash outs« den Track. Diese Rinnen, die der Regen auf der Piste hinterlassen hat, sind äußerst unangenehm und nicht selten einen halben Meter tief. Die behäbigen Enduros um diese Spurrillen herumzuzirkeln, ist schon fast ein Kunststück. Meist geht es im Schritttempo voran. Unendlich langsam. Selten gelingt es mir, die 25-km/h-Marke zu überschreiten. Schon das Schalten in den zweiten Gang hat etwas von einem Erfolgserlebnis.

Langsam wird uns bewusst, womit wir hier draußen im Outback zu kämpfen haben. Unser Feind ist nicht wie ursprünglich erwartet der Sand, sondern unser Feind ist grün. Das Buschwerk ist so dicht, dass wir manchmal den Track gar nicht sehen können. Zweige und Blätter klatschen mir wieder und wieder ins Gesicht. Dazu kommen mächtige Äste, die versuchen, mich aus der Bahn zu werfen. Schließlich hat ein besonders dicker von ihnen Erfolg.

26° 02' 47" Süd, 120° 18' 58" Ost: Mit dem linken Koffer bleibt das Motorrad an einem mittleren Bäumchen hängen. Den Einzylinder drückt es aus der Bahn. Geradewegs ins Gebüsch, und da liege ich nun. Jörg ist schon längst auf und davon. Er hat von alldem nichts bemerkt. Alles abpacken. Mit dem ganzen Gepäck und den Kanistern bekomme ich die BMW alleine nie auf die Räder. Also runter mit dem Zeug. 20 Minuten dauert die Prozedur, dann bin ich wieder startklar. Inzwischen ist auch Jörg zurück und hilft mir bei den letzten Handgriffen. Allein schon das Wendemanöver in dem dichten Gestrüpp ist mit der schweren Enduro ein Akt. Auch Jörg zwängt seine Maschine durch das Gebüsch. Verliert mit seinen Füßen den Kontakt zum Boden und droht zu straucheln. Nur eine beherzte Drehung am Gasgriff bringt ihn und die gesamte Fuhre wieder in eine aufrechte Position. Dann endlich kann es weitergehen.

Wir passieren die Granites. Diese kleine Felsformation ist ein hübscher Ort und wäre ein schöner Platz zum Übernachten gewesen. Hohe Bäume, grasige Flächen. Ein gemütliches Plätzchen, um den Tag ausklingen zu lassen. Unmittelbar darauf folgt Well 2A, der letzte Brunnen, den Cannings Bautrupp 1910 auf dem Rückweg von Halls Creek nach Wiluna baute. Zur Zeit der Viehtriebe enthielt dieses Reservoir an die 44.000 Liter Trinkwasser. Heute gibt es nur noch eine kleine Pfütze mit brackigem Wasser und einige Überreste vom alten Brunnen (26° 00' 18" Süd, 120° 19' 14" Ost).

Es ist schon später Nachmittag, als wir Well 2A hinter uns lassen. Windich Springs erreichen wir heute wohl nicht mehr. Wir wollen es aber wenigstens bis Well 3 schaffen, wo es frisches Wasser geben soll. Doch über Schritttempo kommen wir einfach nicht hinaus. Immer wieder bremsen uns die Büsche aus. Schon früh zeigen sich die ersten Verschleißerscheinungen. Zu früh. Einer von Jörgs Benzinkanistern, die unter den Koffern hängen, zeigt die ersten Anzeichen von Inkontinenz. Aus Gewichtsgründen haben wir uns für simple Plastikkanister entschieden. Doch das weiche Material ist den ständigen Angriffen der Vegetation nicht gewachsen. Alles was an Sprit reinpasst, schütten wir deshalb in die Tanks der Motorräder.

Natürlich waren die Kanister nicht für die Ewigkeit gedacht. Aber dass sie schon nach zwei Tagen kaputt gehen, überrascht uns. Vielleicht war es doch keine so gute Idee, Gewicht auf Kosten der Stabilität einzusparen. Eigentlich benötigen wir die Kunststoffbehälter nur zwei Mal. Mit ihrem zusätzlichen Spritvorrat sollen sie uns bis zum Benzindepot an Well 23 und dann noch einmal bis zur Aborigines Community Billiluna bringen. Bis jetzt ist es nur ein Kanister, der leckt. Doch weitere Löcher dürften nicht lange auf sich warten lassen. Jörg wird noch vor Ort tätig. Sekundenkleber und die letzten Überreste eines Schlauches sollen den Schaden beheben. Aber der Gummi will auf dem Plastik nicht kleben. Entnervt geben wir auf. Packen zusammen und machen uns auf den Weg. Well 3 wollen wir auf jeden Fall heute noch erreichen (25° 46' 32' Süd', 120° 24' 49" Ost).

Mit dem letzten Tageslicht kommen wir am Brunnen an und erleben die nächste Überraschung: Aus dem restaurierten Wasserloch strömt uns ein stinkender, fauliger Geruch entgegen. Das Wasser ist ungenießbar. Angeblich soll es frisch sein. So steht es zumindest in der Streckenbeschreibung. Wir können nur hoffen, dass die anderen neun Trinkwasser haltigen Brunnen besser in Form sind.

Auch die zurückgelegte Distanz des heutigen Tages ist nicht gerade ermutigend. 52 Kilometer stehen auf dem Tageszähler. Nicht mehr. Und wir fühlen uns ausgelaugt. Erst jetzt spüren wir, wie anstrengend diese Etappe war. Jörg leidet immer noch an den Auswirkungen seines Durchfalls. Unsere Euphorie hat einen Dämpfer erhalten, die Realität hat uns eingeholt. Wir hätten nicht gedacht, dass dieses Unternehmen so knallhart werden würde. Bisheriges Ergebnis: Ein stinkendes Wasserloch und nur 111 Kilometer in zwei Tagen. Bei diesem Tempo werden wir mehr als einen Monat für die gesamte Strecke brauchen. Es bleibt uns nichts anderes übrig: Wir müssen schneller werden – egal wie.

Literatur

Die Canning Stock Route führt durch eines der entlegensten Gebiete dieser Erde. Doch es ist erstaunlich, wie vielfältig die Informationen sind, die es über diesen alten Viehtrack gibt.

So gehört das *»Australien-Outback-Handbuch«* (Reise Know How) bei den Vorbereitungen zur Pflichtlektüre. Dieser Guide, in dem alle großen Tracks auf dem 5. Kontinent beschrieben sind, beschäftigt sich auf mehr als 40 Seiten alleine mit der CSR. Kilometer um Kilometer wird die Strecke in Form eines Roadbooks beschrieben. An passender Stelle gibt es Hinweise wie z. B. auf Wasserstellen sowie Einblicke in die Historie.

Sehr intensiv beschäftigt sich das Buch *»Canning Stock Route Traveller's Guide«* mit der CSR. Detailreich und von vielen aktuellen und historischen Bildern begleitet, beschreiben die beiden Autoren Ronele und Eric Gard fast jeden Meter der Strecke. Dabei kommen auch Anekdoten nicht zu kurz. Mittlerweile gibt es diesen Reiseführer in der 3. Auflage, leider ist er nur in Australien erhältlich.

Auch *»Australian Geographic«* widmet der CSR ein Buch. Reich bebildert, liefert es in anschaulicher Weise viel Wissenswertes. Die aktuelle Ausgabe stammt allerdings aus dem Jahr 1998. Der Informationsgehalt ist deshalb zwar nicht mehr aktuell, wer sich jedoch einen visuellen Eindruck über die Canning machen möchte, für den ist dieses Buch ein Muss.

Kapitel 2 – A. Hülsmann

Richtig weit draußen

»Keiner von uns möchte jetzt
an einem anderen Ort auf dieser Welt sein.«

Das Outback ist etwas für Minimalisten. Schnörkellos und einfach. Eine unermessliche Dimension, der sich alles unterzuordnen hat. Das lehrt Demut. Und es führt einem schonungslos vor Augen, dass es Tatsachen gibt, die unumstößlich sind – es wird auch an diesem Morgen nichts mit einem frühen Aufbruch.

Jörg hat eine unruhige Nacht hinter sich. Trotz der medizinischen Geschütze fühlt er sich kaum besser. Die Nähe von dichtem Buschwerk ist für ihn an diesem Morgen wieder unerlässlich geworden. Er hockt am Feuer und studiert fassungslos den Beipackzettel. »Das muss doch helfen!« Die Revolte in seinem Verdauungssystem ist noch nicht niedergeschlagen. Doch der Ausdruck in seinem Gesicht signalisiert Entschlossenheit, diesen Aufstand ein für allemal zu beenden. Seine Entscheidung steht: Die empfohlene Maximaldosis wird verdoppelt. Das dürfte sicherlich für einige Zeit aus seinem Verdauungstrakt einen geschlossenen Kreislauf machen. Eine drastische Maßnahme. Aber wir beide wissen, dass diese Angelegenheit gelöst werden muss und zwar schnell. Dann zeigt die medizinische Offensive tatsächlich Wirkung, so dass wir in Kürze aufbrechen können.

Den ganzen Morgen habe ich schon gerechnet. Die Karte studiert und Etappen abgesteckt und versucht, daraus Hoffnung zu schöpfen. Doch das Ergebnis ist immer das Gleiche: 111 Kilometer in zwei Tagen. Zu wenig, viel zu wenig. Und heute geht es auch schon wieder stramm auf den Mittag zu. Jörg rechnet ebenfalls. Wir haben bisher nicht darüber gesprochen, aber ich weiß es. Seine gute Laune hat ein wenig gelitten. Ohne ein Wort darüber zu verlieren ist uns beiden klar, dass wir uns aus der Umklammerung der Langsamkeit befreien müssen.

Später Vormittag. Endlich, die Motoren laufen. Jörg ist schon auf und davon. Ich kontrolliere noch einmal die Ladung. Wassersäcke, Benzinkanister und Gepäckrolle, alles sitzt fest. 100 Meter zurück, dann bin ich wieder auf der Canning. Rechts herum, und ab geht es. Von Jörg sehe ich nicht die Spur. Die Piste ist halbwegs gut, sogar bis in den 3. Gang kann ich schalten. Zum ersten Mal liegt die Geschwindigkeit deutlich über 30 km/h. Zwar lässt sich dieses Tempo nie lange halten, aber der zügige Fortschritt sorgt bei mir für eine positive Stimmung. Endlich geht es voran.

Jörg entzieht sich weiterhin meinen Blicken. Nicht einmal sein Staub liegt in der Luft. Der lässt es aber krachen, denke ich. Doch das ist schon in Ordnung. Wenn er sein Wohlfühl-Tempo gefunden hat – um so besser. Dann und wann sehe ich Rinder rechts und links der Piste. Aufgeschreckt suchen sie panisch das Weite. Mitten im Outback, 130 Kilometer von Wiluna entfernt, bewegen wir uns immer noch auf Farmland. Irgendwo im Südwesten liegt die Cunyu Station, die auf diesem einsamen Fleckchen Erde Rinder züchtet.

Merkwürdig – warum flüchten die Viecher vor mir? Wenn Jörg hier bereits durchgerauscht wäre, dürfte ich sie gar nicht mehr sehen. Und überhaupt: Warum wartet er nicht irgendwo? Vielleicht genießt er das Tempo und verschwendet keinen Gedanken daran, auf mich zu warten. Ich beruhige mich. Kein Zweifel, Jörg muss vor mir sein, denn schließlich erkenne ich im Staub die Reifenspur einer Enduro.

Well 3 liegt schon 20 Kilometer hinter mir, und es ist immer noch nichts von Jörg zu sehen. Verdammt, was macht der Junge? Kaum geht es ein wenig flotter voran, denke ich, und schon rutscht sein Verstand ins rechte Handgelenk. Also lege ich einen Zahn zu. Beim Blick auf den Tacho zucke ich zusammen: Zum ersten Mal auf der Canning Stock Route steht eine 4 an erster Stelle. Unfassbar! 42 km/h. Na also, klappt doch.

Dann ein Knall. Habe ich die Schallmauer durchbrochen? Nein, nur ein Schlagloch übersehen. »Bulldust-Hole« nennt der Australier so etwas. Damit meint er eine Vertiefung in der Landschaft, die mit allerlei Sand und feinem Staub gefüllt ist. Der ganze Dreck spritzt nun davon, als wäre eine Bombe explodiert. Für den Moment eines Wimpernschlages schwebt das Motorrad schwerelos durch die Luft, um sich anschließend, begleitet von einem Urknall, wieder mit der Erde zu vereinen. Ein Abstecher in die botanische Vielfalt des australischen Outbacks folgt. Blätter, Äste und Gestrüpp prasseln gegen meinen Helm. Der Track ist plötzlich einige Meter neben mir. 50 PS ziehen mich durchs Unterholz. Doch jede Kurskorrektur wäre in diesem Moment fatal. Bloß keine hastigen Bewegungen, oben bleiben, nur nicht umfallen. Darum geht es in diesem Augenblick.

Ruckartig kommt die BMW zum Stehen. Stille. Ich atme durch – noch einmal gut gegangen. Das Herz pocht, ganz langsam sinkt der Adrenalinspiegel. Ich habe eine Stinkwut auf Jörg. Er hat mir das eingebrockt. Was muss er auch so rasen? Das Gefluche ist ein gutes Mittel, um die Stresshormone zu stabilisieren. Natürlich weiß ich, dass ich an meinem Abgang ins Unterholz selbst schuld bin. Einfach zu schnell gefahren. Doch ich mache das, was wir in einer solchen Situation alle gerne tun: Im ersten Zorn über eine selbst verbockte Sache nach einem Sündenbock suchen.

Als ich mich wieder beruhigt habe, dringt ein vertrautes Motorengeräusch durch die Stille. Kein Zweifel, ein Einzylinder. Nur kommt das Geräusch aus einer Richtung, aus der ich es nicht vermutete: Es nähert sich von hinten. Jörg prescht heran. Auch ihm bleibt die Prüfung am Bulldust-Hole nicht erspart. Doch zieht er sich etwas galanter aus der Affäre und trifft bei der Landung wenigstens wieder die Piste.

Mit einem lauten »Hoppla!« kommt er zum Stehen. Er hat sich verfahren und war deshalb die ganze Zeit nicht vor sondern hinter mir. Aber wieso verfahren? Es gibt weit und breit nur eine Spur, und der braucht man lediglich zu folgen. Des Rätsels Lösung: Jörg bog heute Morgen beim Start an Well 3 nicht rechts sondern links ab. Nach ein paar Minuten hielt er an und wartete auf mich. Als ich nicht kam, fuhr er zum Brunnen zurück, wo er seinen Fehler bemerkte. Ich weiß nicht, was ich sagen soll. Sein GPS ist vollgestopft mit Koordinaten, und dieser Mensch verfährt sich.

Jörgs kurzfristige Orientierungslosigkeit hat jedoch auch etwas Gutes: Die bisherige Strecke von Well 3 in Richtung Well 3A war bis jetzt die mit Abstand schnellste Passage. Ein echter Fortschritt, der uns beide zuversichtlicher stimmt. Well 3A (25° 39' 10" Süd, 120° 29' 17" Ost) muss sich ganz in der Nähe unseres augenblicklichen Standortes befinden. Einer von insgesamt fünf Brunnen, die nicht von Canning angelegt wurden. Albert Snell buddelte Ende der 20er-Jahre mit seinen Männern hier nach Wasser, um eine Versorgungslücke zu schließen. Denn war der nahe gelegene Lake Nabberu überflutet, mussten die Treiber ihre Herden um den See herumführen, wodurch der Weg zu Well 3 zu lang wurde. Bei ihren Grabungen schossen Snells Männer allerdings über das Ziel hinaus. Sie legten den Schacht zu tief an, so dass das Wasser schnell versalzte und selbst für die Rinder unbrauchbar war. Well 3A kam nie richtig zum Einsatz.

100 Meter weiter ist unsere Fahrt erst einmal zu Ende. Die CSR ist gesperrt. Das Wasser stand im letzten Winter im Lake Nabberu besonders hoch, und der Boden ist

noch aufgeweicht. Die Durchquerung des Sees unmöglich. Schon Cannings Bautrupp hatte an dieser Stelle Schwierigkeiten. Die Planwagen versanken im Matsch. Mit Korkplanen und Baumstämmen bahnten sich die Männer ihren Weg. Bis zur völligen Erschöpfung stemmten sich Mensch und Tier gegen das Einsinken. Die Überbleibsel dieses Kampfes sind heute noch vier Kilometer westlich von Well 4 zu sehen.

An den Schlammschlachten im Lake Nabberu hat sich bis heute nichts geändert. Immer wieder versenken Fahrer ihre Geländewagen in der zähen Masse aus Morast und Salz. Manche so heftig, dass sie sich ohne fremde Hilfe nicht mehr befreien können. Dann müssen meist die Cowboys von der Cunyu Station ran. Vermutlich hat der Verwalter im Augenblick die Piste gesperrt, damit die Jungs ungestört ihrer Arbeit auf der Farm nachgehen können.

Die Alternativ-Route heißt Cunyu Bypass. Dieser Weg führt östlich am See vorbei und stößt kurz vor Windich Springs wieder auf den alten Track. Die Benutzung der Umleitung ist an Bedingungen geknüpft. Unübersehbar stehen die Anordnungen auf einem großen Schild: Keine nächtliche Ausfahrt, kein Ausflug abseits der Piste, keine Schießerei, nur fahren, wenn die Piste trocken ist. Regeln, mit denen wir leben können.

Wir verlassen also die CSR Richtung Osten, um für einige Kilometer dem Cunyu Bypass zu folgen. Die Frere Range, eine kleine Hügelkette, schiebt sich über den roten Horizont. Die erste nennenswerte Erhebung seit Wiluna. Sie trägt den Namen von Sir Bartle Frere, dem

Präsidenten der Royal Geographic Society im Jahr 1870. Eine durchaus gängige Namensgebung. Denn das australische Outback ist voll mit Namen aus der Vergangenheit. Die Pioniere setzten damit bestimmten Persönlichkeiten ihrer Zeit ein Denkmal für die Ewigkeit.

Die Frere Range gehört zu den kargen Resten einer urzeitlichen Tragödie, die 1,7 Milliarden Jahre zurückliegt. Doch die Folgen des Meteoriteneinschlages sind immer noch vorhanden, wenn auch schwer zu erkennen. 30 Kilometer im Durchmesser misst das Loch, das der Himmelskörper in die Erde schlug. Erst 1969 wurde der Krater entdeckt und bekam den Namen Teague Ring. Ende der 90er-Jahre taufte man ihn um in Shoemaker Crater. Eugene Shoemaker, ein australischer Geologe und Astronom, starb 1997 bei einem Autounfall.

Dass wir uns auf erdgeschichtlichem Terrain bewegen, ist längst wieder zur Nebensache geworden. Jörg und ich kämpfen mit der Gegenwart. Dichtes Buschwerk, tiefe Sandpassagen und breite Wash outs drücken auf das Tempo. Die Piste ist schmal und überwuchert. Hindernisse sind, wenn überhaupt, erst im letzten Moment zu erkennen. Das Unvermeidliche lässt auch nicht lange auf sich warten: Ein hinter Spinifexgras versteckter Termitenhügel wird mir zum Verhängnis. Der Zusammenstoß meines Koffers mit dem steinharten Bauwerk bleibt nicht ohne Konsequenzen. Schlagartig geht es ab in die Botanik. Diesmal im Vergleich zu gestern mit bedrohlicher Schräglage. Die Fuhre versuchen abzufangen? Keine Chance. Und so kugele ich Augenblicke später zusammen mit Teilen meiner Ausrüstung durchs Gebüsch. Na prima. Schnell auf die Beine, alles abpacken, Motorrad geradestellen, alles aufpacken. Mein Ärger verraucht etwas, als ich feststelle, dass auch das Bauwerk der Termiten bei dem Zusammenstoß Federn lassen musste. Der Koffer hat zwei Drittel der Substanz abrasiert und aus dem Lehmturm einen Bungalow gemacht. Was müssen die auch so dicht an der Piste bauen.

Bei den letzten Handgriffen am Gepäck erscheint Jörg. Er braucht keine Sekunde, um die Lage zu erfassen. Die Frage: »Was ist passiert?« lässt er aus und kommt direkt zum: »Hast du dich verletzt?« Ich kann ihn beruhigen. Aber eine Pause wäre jetzt nicht schlecht. Zudem ist es ohnehin an der Zeit, einen Müsliriegel zu essen. Einen von zweien unserer täglichen Ration für unterwegs.

Wir sitzen am Snell Pass. »Pass«. Eine Bezeichnung, die in Europa Erwartungen weckt. Doch hier bedeutet sie lediglich einen kleinen Anstieg auf einen der Hügel der Frere Range. Vor uns ragt der Mount Teague auf, die höchste Erhebung dieser Hügelkette. Besonders imposant sieht er ja nicht aus. Unspektakulär würde am besten zu ihm passen. Ihm fehlt das, was einen Berg zum Berg macht: die Höhenangabe in der Karte. Mount Teague ist vermutlich so unscheinbar, dass sich noch niemand die Mühe machte, ihn zu vermessen.

Jörg drängelt. Der Ehrgeiz hat ihn gepackt. Und nicht nur ihn. Wir wollen heute endlich mal »Strecke machen«, wie wir es nennen. Uns selbst beweisen, dass es voran geht auf der Canning Stock. Keine zwei Minuten später unterbricht das Brummen der beiden Einzylindermotoren die Stille. Schade eigentlich. Denn es ist gerade die Lautlosigkeit des Outbacks, die ich so sehr genieße. Am frühen Nachmittag ist es besonders ruhig. Die Tiere suchen Schutz vor der Sonne. Selbst die Vögel ziehen sich in den Schatten der Bäume zurück, um auf die kühleren Stunden des Tages zu warten. Dann, wenn absolute Ruhe herrscht, bekommt die Weite eine ganz neue Dimension.

Nun heißt es wieder, sich zu konzentrieren. Alle Sinne sind auf die Piste gerichtet. Denn die Canning Stock Route ist eine Diva, die es gar nicht mag, wenn man ihr keine Beachtung schenkt. Verlangt jede Sekunde volle Aufmerksamkeit. Schon ein kurzer Blick in die Landschaft wird geahndet und mit einem bockenden Motorrad bestraft. Die CSR kann aber auch gnädig sein. Einige Passagen sind eben, fast glatt, so dass der linke Fuß bis in den dritten Gang schalten kann. Dann wieder, urplötzlich, wird die Diva ruppig, schroff und unzugänglich. Zwingt uns ins Schritttempo.

Wir arbeiten uns voran. Manchmal im Rausch, manchmal resignierend. Eine Fahrt im Wechselbad der Gefühle, bei der jeder Kilometer mehr auf dem Tacho ein kleiner Sieg ist.

25° 37' 04" Süd, 120° 49' 07" Ost, Well 4A. Der zweite Brunnen, der von Snell gebaut wurde. Auch von diesem Wasserloch ist nicht viel übrig geblieben. Einige morsche Stämme, ein vom Rost zerfressener Blechtrog, mehr nicht. Wir halten uns nicht lange an Well 4A auf. Sieben Kilometer weiter erreichen wir Windich Springs. Einen Ort, für den wir an diesem Tag unsere Pläne über den

Haufen werfen. Schluss mit »Strecke machen«. Der Tageskilometerzähler zeigt die Zahl 79. Und uns beiden ist klar, dass es für heute dabei bleiben wird.

Windich Springs ist ein großes, von riesigen Eukalyptusbäumen umsäumtes Wasserloch. »Billabong« nennt man einen solchen Teich in Australien. Für uns bedeutet es, dass wir nach drei Tagen endlich den ganzen Staub und Dreck vom Körper waschen können. Einen der leeren Wassersäcke funktionieren wir zur Dusche um, ein Packsack eignet sich als perfekte Waschmaschine.

Im Augenblick ist es kurz nach 15.00 Uhr. Das bedeutet noch zwei Stunden Tageslicht. Und über 20 Kilometer, die wir heute noch fahren könnten. Unser Ziel, die 100-Kilometer-Marke zu knacken, würden wir also theoretisch noch erreichen. Doch daran verschwendet keiner von uns auch nur einen einzigen Gedanken. Windich Springs, das ist ein gutes Gefühl, das ist Ruhe, das ist Erholung. Für uns kann es im Moment nirgendwo sonst auf dieser Welt friedlicher und schöner sein.

»Coojeela« – ewiges Wasser, nannten die Aborigines diesen Ort. Für sie war das Wasserloch ein heiliger Platz, an dem seit Urzeiten »Coorborees«, Tanzfeste, stattfanden und Riten abgehalten wurden. Doch vor etwa 130 Jahren wurden sie von den weißen Siedlern weiter und weiter in die Wüste zurückgedrängt. Sie mussten weichen. Platz machen für die Weißen, die im Inneren des roten Kontinentes nach neuen Siedlungsmöglichkeiten suchten. Einer der Pioniere war John Forrest, der im Jahr 1873 das »ewige Wasser« entdeckte. Er nannte den

Tümpel nach seinem Freund, dem Aborigine Tommy Windich, der Forrest auf drei Expeditionen begleitet und ihm stets treue Dienste geleistet hatte. Derselbe John Forrest berichtete dann 1907 als Premierminister von Westaustralien dem Parlament vom Erfolg der Canning-Expedition.

John Forrest war nur einer der vielen mutigen Männer, die in der zweiten Hälfte des vorletzten Jahrhunderts die Zeit der Entdeckungen und des Aufbruchs in Australien prägten. Abenteurer wie Leichhard, Stuart, Burke und Willis gingen daran, den fünften Kontinent unter kaum vorstellbaren Entbehrungen zu erobern. Es war jedoch nicht nur der Drang, das Unbekannte zu erforschen, der sie vorantrieb. Auch die Aussicht auf ein neues Leben spielte eine große Rolle. Zu Tausenden strömten deshalb die Menschen in diese neue Welt.

In diese Zeit platzte der Goldfund von Paddy Hanan. Dort wo heute die Stadt Kalgoorlie steht, fand er ein paar Klumpen des gelblich glänzenden Edelmetalls. Das war im Jahr 1893 – der zweite Goldrausch Australiens begann. In Massen pilgerten die Glücksritter ins Outback. Eine Prozession ins Ungewisse. Denn die Bedingungen, die sie dort antrafen, waren erbarmungslos. Wasser war so kostbar wie Gold. Die Trinkbehälter wurden wie Augäpfel gehütet und notfalls bis aufs Blut verteidigt. Auseinandersetzungen um das lebenswichtige Nass standen auf der Tagesordnung. Essbares war ebenfalls knapp. Verdorbene Lebensmittel zehrten an den Kräften. Zu wenig Wasser und schlechte Nahrung trieb viele langsam aber sicher in den Tod.

Die Tragik: Während auf den Goldfeldern von Kalgoorlie gehungert wurde, gab es 2.000 Kilometer weiter nördlich Fleisch im Überfluss. Tausende Rinder grasten auf den Weiden der Kimberley-Region. Dieses Vieh war jedoch am Rotwasserfieber erkrankt, und die westaustralische Regierung verbot aus Angst, die Seuche könnte sich auch im Süden ausbreiten, den Transport der Tiere in die vom Hunger geplagte Region. Rotwasserfieber wird durch eine tropische Zecke übertragen. Um sich Linderung von ihren Bissen zu verschaffen, stellen sich die Rinder ins Wasser, das durch den bluthaltigen Urin verfärbt wird. Dadurch erhielt die Seuche den Namen Rotwasserfieber.

Die geschäftstüchtigen Farmer im Norden ließen jedoch nicht locker. Sie fanden heraus, dass dieser kleine Plagegeist an tropische Bedingungen gewöhnt war. Ein trockenes und heißes Klima hingegen würde die Zecke kaum überleben und damit auch keine Rinder infizieren. Mit einem Viehtrieb durch die Wüste hätten sich also alle Probleme mit einem Schlag erledigt.

Der Haken an der Sache: Zwischen der Kimberley-Region und den Goldfeldern rund um Kalgoorlie lagen mehrere Millionen Quadratkilometer unwegsames Outback. Eine lebensfeindliche Wildnis, die Dingos, Schlangen und Echsen ihr Zuhause nannten. Eine riesige Rinderherde 2.000 Kilometer weit durch dieses Gebiet zu treiben, schien von vorneherein ein aussichtsloses Unterfangen zu sein. Doch die Farmer drängten weiter, und die mächtigen Viehbarone im Norden setzten die Regierung in Perth unter Druck. An dieser Stelle trat Alfred

W. Canning, der Namensgeber der Piste unserer Träume, auf den Plan. Die Viehhändler beauftragten ihn mit einer Forschungsreise durch das westaustralische Outback, um einen Weg für die Rinderherden zu den neuen Siedlungen zu erkunden.

Mit acht Männern brach er am 29. Mai 1906 in Wiluna auf. Schon einige Expeditionen vor ihm hatten den Durchbruch versucht, doch alle scheiterten am elementarsten aller Dinge, am Wasser. Alfred Canning schien für diese Sache genau der Richtige zu sein. Der Landvermesser war hart gegen sich selbst und seine Umgebung. Eile war geboten, denn immer mehr Glücksritter zog es zu den Goldfeldern rund um die Stadt Kalgoorlie. Die Menschen kamen aus Amerika, Asien und Europa. Jeder wollte dabei sein, jeder wollte sein Glück auf den Goldfeldern finden.

Diese Ereignisse liegen nun fast 100 Jahre zurück. Auch Canning genoss mit seinen Männern die Annehmlichkeiten von Windich Springs. Dem Ort, der als einziger im Umkreis von 100 Kilometern Wasser im Überfluss bot. Ob Canning die Stimmung damals auch so friedfertig empfand wie Jörg und ich ?

Mittlerweile ist es dunkel und still geworden. Selbst die Papageien, die zu Hunderten durch die Baumwipfel stromern, haben aufgehört, sich um die besten Schlafplätze zu streiten. Jörg und ich liegen im Schein des Lagerfeuers auf unseren Isomatten und schauen in die sternklare Nacht. Über uns das Kreuz des Südens. Keiner von uns möchte jetzt an einem anderen Ort auf dieser Welt sein. Wir sind draußen, richtig weit draußen – endlich.

Kapitel 3 – A. Hülsmann

Acht Kilogramm Müsli

»Das Essen für die drei Wochen unterzubringen, war schon eine logistische Meisterleistung.«

Gerade mal ein feiner Lichtsaum ist an diesem frühen Morgen am Horizont zu sehen, da regen sich an dem kleinen Billabong die ersten Lebenszeichen. Allerdings sind es keine friedlichen Töne, wie es für einen Sonnenaufgang an solch einem Ort angebracht wäre. Nein, der heutige Tag beginnt, wie der gestrige endete – im Streit. Die Papageien krächzen so lautstark, als würden sie debattieren. Sie zanken sich wie immer um die besten Plätze. Diesmal sind nicht die Äste in den Bäumen das Objekt der Begierde, sondern das Ufer des Wasserloches. Es ist nicht einmal fünf Uhr am Morgen. An Schlaf ist nicht mehr zu denken. Jörg hat da weniger Probleme. »Im Vergleich zu deinem Geschnarche ist das wie Musik«, murmelt er und dreht sich in seinem Schlafsack auf die Seite. Mich hält es nicht mehr im Zelt. Einen Augenblick später stehe ich draußen und bereue meinen Tatendrang: Minus drei Grad Celsius zeigt das Thermometer. Ein nicht gerade gemütlicher Start in den Tag. Im Halbdunkeln und mit zitternden Knien suche ich einige Holzreste zusammen, um das Lagerfeuer wieder in Gang zu bringen.

In meinem konzentrierten Bemühen entgeht mir fast das Naturschauspiel des Sonnenaufgangs. Langsam schiebt sich die Sonne über den Horizont. So imposant, dass sogar die Papageien für einen Augenblick ihre Streitigkeiten vergessen. Schon die ersten Strahlen vertreiben die Kälte. Die Luft riecht frisch und schmeckt unverfälscht. Für mich ist es die beste und angenehmste Zeit des Tages. Mit der stetig steigenden Sonne klettern auch die Temperaturen. In einer Stunde wird von dieser Frische nichts mehr übrig sein. Dann wabert nur noch träge die heiße Luft und erstickt jeglichen Elan. Aber das ist jetzt egal, es gilt den Augenblick zu genießen.

Die Papageien streiten sich schon längst wieder. Auf dem Feuer kocht das Teewasser. Es ist Zeit für den ersten Aufguss. Die erste Tasse Tee ist die beste. Sie hat noch so etwas wie Aroma. Die zweite Tasse, mit demselben Beutel angesetzt, ist nur noch eine vage Erinnerung. Etwas heißes Wasser mit Geschmack. Aber der Genuss fiel der Gewichtsersparnis zum Opfer. 100 Teebeutel – das ist unser gesamter Vorrat für die nächsten drei Wochen, die wir auf der Canning Stock Route unterwegs sind. 100 Beutel für zwei Leute. Das reicht gerade für einen am Morgen und einen am Abend. Mehr ist nicht drin. Rechnerisch bleibt eine kleine Reserve, die für besondere Anlässe bestimmt ist.

Gestern Abend war so ein Anlass. Der sternenklare

Himmel, das Lagerfeuer, die Stille. Momente, wie es sie nur hier draußen gibt. Im Outback lernt man schnell auch die Kleinigkeiten zu schätzen. Es mag komisch klingen, doch Dinge wie ein simpler Teebeutel, im normalen Leben alltäglich und selbstverständlich, erhalten hier draußen den Status von etwas Besonderem.

Wie überhaupt die Versorgung eine der wichtigsten Fragen war, die es für uns vor dem Start zu unserer Expedition zu lösen galt. Egal ob Benzin, Nahrung oder Wasser – all diese Dinge mussten im ausreichenden Maße am Motorrad untergebracht werden. Die 64 Liter Sprit, die wir auf jeder der BMWs verstaut haben, dürften uns zumindest bis zum Depot an Well 23 bringen. Dort steht ein 200-Liter-Fass mit Nahrung für die Einzylinder. So ist es zumindest vorgesehen.

Auch das Wasser ist eine unbekannte Größe. Die stinkende Brühe, die wir an Well 3 vorfanden, zeugte nicht gerade von der Zuverlässigkeit der Streckenbeschreibung. Unsere Hoffnungen ruhen auf den nächsten Brunnen. Bis Well 5 ist es nicht mehr weit. Dort soll es bestes Wasser geben. 15 Liter haben wir noch in unseren Wassersäcken. Einen leeren Beutel werden wir mit dem Nass von Windich Springs auffüllen. Als Notreserve. Zum Waschen ist das Wasser aus dem Billabong gut genug, für alles Weitere ist jedoch Vorsicht geboten. Am Ufer liegen jede Menge Hinterlassenschaften. Die Tiere, die nach Windich Springs zum Trinken kommen, erleichtern sich gleich an Ort und Stelle, und ihre Exkremente sehen nicht gerade appetitlich aus. Sicher halten sie für Magen und Darm manch unerfreuliche Überraschung bereit. Zudem ist Jörg immer noch nicht ganz über den Berg. Seinem Verdauungssystem wollen wir derartige Risiken lieber nicht zumuten. Bloß nichts riskieren. Der nächste Brunnen wird es schon richten.

Vor mir steht eine Tasse Müsli. Zusammengesetzt aus Wasser, Milchpulver und einer genau dosierten Menge Körnern. Ein jämmerliches Frühstück. Nur die darauf dümpelnde Vitaminkapsel verleiht diesem kläglichen Ensemble etwas Gesundes. Der Inhalt ist in Nullkommanichts verdrückt und soll mich nun bis zum Mittag vorantreiben. Erst dann gibt es den ersten von zwei Müsliriegeln am Tag. Ich habe damit kein Problem – aber mein Körper. Der hat sich an die Begrenzung der verwertbaren Kalorien noch nicht gewöhnt. Doch haben mein Körper und ich keine Wahl. Alles Essbare ist genau dosiert, jedes Joule abgezählt, der begrenzte Stauraum eines Motorrades lässt da keinen Spielraum.

Dabei grenzt es fast schon an ein Wunder, dass wir die Nahrung für drei Wochen – plus ein wenig Reserve – auf den Bikes verstauen konnten. Verstauen! Das klingt nach Platz, nach räumlichen Überangebot. Aber schon die Ausrüstung beanspruchte jeden Winkel, der sich irgendwo auf den Einzylindern finden ließ. Das Essen für die drei Wochen unterzubringen, war da schon eine logistische Meisterleistung, die uns nur gelang, weil wir die Vorräte auf ein Minimum reduzierten.

8 Kilogramm Müsli, 80 Müsliriegel, 45 Packungen »2 Minute Noodles«, 100 Teebeutel sowie eine Packung Würfelzucker als Geschmacksverstärker für den zweiten Aufguss. Der absolute Luxus, diese kleine Box mit dem

süßen Inhalt. Ich trotzte sie dem spärlichen Platzangebot ab. Nicht ganz ohne Stolz und mit einer gewissen innerlichen Genugtuung.

Das karge Frühstück hat auch etwas Gutes: Man hält sich nicht lange daran auf. Es ist nicht einmal 8.00 Uhr, und wir sind schon wieder auf der Piste. Kurz vor der Abfahrt habe ich noch einen meiner Reservekanister auf die Tanks verteilt. Meine Hoffnung, dass sich dadurch die Fahreigenschaften der F 650 verbessern, erfüllt sich allerdings nicht. Das Motorrad hängt immer noch träge in der Spur und lässt sich kaum manövrieren. Trotzdem kommen wir erstaunlich gut voran. Freude kommt auf. Spaß. Die Piste ist ganz passabel, dann und wann ist es sogar möglich, im dritten Gang zu fahren. Wenn auch nur kurzfristig. Aber bloß nicht übermütig werden. Der gestrige Ausflug jenseits der Piste ist mir noch in lebhafter Erinnerung.

Der vierte Tag, und noch immer haben wir keine Menschenseele gesehen. Ich fange an mich zu wundern. Da waren doch die beiden Geländewagen in Wiluna an der Tankstelle. Einer der Fahrer rief uns zum Abschied fröhlich zu: »See yaa at Well 5 tomorrow.« Daraus schöpften Jörg und ich die Hoffnung, dass die ersten Kilometer auf der Canning nicht allzu schwer sein dürften. Well 5 ist schließlich 200 Kilometer von Wiluna entfernt. Die Realität sieht jedoch anders aus. Die Jungs in ihren Allradautos haken die Strecke Wiluna – Well 5 an einem Tag ab, und wir stolpern nun schon den vierten Tag durch den Busch und haben diesen Brunnen immer noch nicht erreicht. Irgendetwas stimmt da nicht. Verdammt! Sind wir denn wirklich so langsam? Ich verstehe das nicht. Und bekomme gleich die Quittung für meinen Ausflug in die Welt der Gedanken. Denn Grübeln und Fahren – das passt nicht in diese Gegend. Das Vorderrad fädelt in einer Spurrille ein, und schon ist es geschehen: Die BMW begibt sich in die Horizontale. Kaum der Rede wert, denn mittlerweile haben wir mit derartigen Schräglagen schon einige Erfahrungen gemacht. Er ist schon fast zur Tradition geworden, der »daily crash«.

Nerviger ist schon eher das Ab- und Aufpacken des Gepäcks, um die Fuhre wieder aufstellen zu können. Jörg ist längst hinter den nächsten Büschen verschwunden, und ich stehe mal wieder alleine da. Füge mich dem Unvermeidlichen, schaffe das ganze Zeug auf den Boden, hebe das Motorrad auf und schnalle danach alles wieder fest.

Fertig. Jetzt taucht auch Jörg auf. Er versteht es, im richtigen Moment zu erscheinen. In einer Wolke von Staub kommt er zum Stehen. Die Unterhaltung fällt wie üblich in diesen Fällen knapp aus. »Was war?« »Das Übliche.« »Wieder ein Termitenhügel?« »Nein, diesmal eine Spurrille.« »Hmmh.« Und weiter geht es.

Well 4B lassen wir aus und fahren daran vorbei. Viel ist von diesem Brunnen ohnehin nicht zu sehen. Die Piste bleibt weiterhin gut. Dann und wann ein paar Bodenwellen, ansonsten ist dieses Teilstück ein wahrer Genuss. Nicht einmal Mittag, und wir erreichen Well 5 (25° 22' 36" Süd, 121° 00' 16" Ost). 30 Kilometer liegen hinter uns – das riecht nach Rekord. Die viel wichtigere Frage lautet jedoch: Was ist mit dem Wasser? Well 5 wurde erst im letzten Jahr restauriert und müsste eigentlich gutes Wasser führen. Wir sind gespannt. Als wir die Klappe öffnen, schlägt uns zumindest kein brackiger Geruch entgegen. Das Glück wird uns doch nicht hold sein? Genaueres lässt sich erst sagen, wenn wir das Wasser aus 30 Meter Tiefe ans Tageslicht geschafft haben.

Well 5 ist der tiefste Brunnen auf der gesamten Viehtreiber-Route und das Wasserschöpfen eine ganz schöne Plackerei. Allein der Schöpfbehälter, dem Original aus vernieteten Stahlplatten nachempfunden, wiegt leer 20 Kilogramm. Da er 40 Liter fasst, müssen an die 60 Kilogramm Masse aus dem finsteren Schacht hochgekurbelt werden.

Wir können uns gut vorstellen, wie Cannings Männer beim Bau dieses Brunnens schufteten. Mehr als 100 Tonnen Erdreich mussten sie mit Schaufeln und bloßen Händen bewegen. Auch die Mitglieder des australischen Offroad Clubs, die Well 5 im Jahr 2004 restaurierten, dürften ordentlich geracktert haben. Die Mühe lohnte sich letztendlich. Denn wie wir erleichtert feststellen, ist das Wasser von guter Qualität. Im Geschmack ein wenig erdig, aber sonst ganz passabel. Wir füllen die Wassersäcke bis zum Rand.

Well 5 lüftet auch das Geheimnis der so unglaublich schnellen Geländewagen: Die Allradler haben eine Abkürzung genommen. Eine Wegmarkierung mit Hinweisschild bringt Klarheit in das Mysterium. Der »Short cut« führt über die Granite Peak Station und spart mindestens zwei Tage. Nicht weil er sehr viel kürzer ist als die

Originalstrecke, sondern weil man ihn für Outbackverhältnisse als Autobahn bezeichnen kann. Auf dem festen Untergrund können die 4WDs mächtig Gas geben. Müssen aber auch die 20 Dollar Gebühr abdrücken, die der Verwalter der Ranch für die Benutzung verlangt. So beginnt für die meisten Australier die richtige Canning Stock Route erst dort, wo man das Farmland hinter sich lässt und ins Outback vorstößt. Jörg und ich hingegen wollen den ganzen »Spaß« haben. Die CSR, diesen ultimativen Track, vom ersten bis zum letzten Meter genießen.

Mit jeweils 20 Kilogramm mehr Gewicht am Heck machen wir uns auf den Weg. 20 Kilogramm, die das ohnehin nicht gerade einfache Handling der Maschinen keineswegs verbessern. »Fahrspaßbremsen entlüften« – diese Worte werden von nun an zu einer geflügelten Redensart, wenn wir unsere Wasservorräte auffüllen.

Ohne Zwischenfall erreichen wir nach 20 Kilometern Well 6 (25° 14' 27" Süd, 121° 05' 58" Ost). Donnerwetter – wir stehen knapp davor, unsere kilometrische Bestmarke zu überbieten. Heute läuft es wie geschmiert. Wir sind also doch nicht so langsam, wie ich befürchtete.

Well 6 wird auch Pierre Springs genannt und wartet mit einer Überraschung auf: Die Wasserqualität ist noch besser als an Well 5. Frisch und kühl ist das Nass. Kristallklar und ohne erdigen Geschmack. Natürlich tauschen wir sofort unser Trinkwasser aus.

Pierre Springs erweist sich als gemütliches, schattiges Plätzchen. John Forrest, der 1874 diesen stillen und friedlichen Ort entdeckte, muss ihn geliebt haben. Riesige Eukalypten umsäumen den heutigen Brunnen, der Wind streicht durch ihre Blätter. Forrest benannte die Quelle nach seinem zweiten Aborigine-Scout, Tommy Pierre. Ursprünglich lag die Wasserstelle 250 Meter weiter südlich, doch nach einem Zyklon versandete sie. Vor uns erhebt sich Mount Davis 700 Meter hoch in den Wüstenhimmel. Streng genommen ein Hügel, hier im Outback jedoch ein Gigant.

Knapp zehn Kilometer weiter erklimmen wir die erste Düne. Klein und nur ein Vorgeschmack dessen, was da draußen noch an Sandbergen auf uns wartet. Kurz darauf stehen wir am Abzweig zu Brunnen Nr. 7, der 150 Meter neben der Piste steht (25° 09' 29" Süd, 121° 17' 26" Ost). Oder besser gesagt: liegt. Denn es gibt nicht mehr viel, was daran erinnert, dass hier einmal 750 Liter Wasser pro Stunde ans Tageslicht gefördert werden konnten. Nur ein paar Holzreste liegen im Schatten der Mulgabüsche. Sie haben über Jahrzehnte dem Verfall getrotzt, doch nun sind sie im Endstadium ihrer Existenz. Ihr Schicksal ist besiegelt. Die Überreste sind eine willkommene Nahrungsergänzung für Termiten.

An Well 8 sieht es nicht besser aus (25° 06' 22" Süd, 121° 23' 13"). Auch hier sind die kümmerlichen Überbleibsel aus der Vergangenheit eine schwache Erinnerung daran, dass dieser 18 Meter tiefe Brunnen einmal bis zu 2.500 Liter Wasser lieferte. Also abhaken und weiter. Ehrgeiz liegt in der Luft. Jörg und ich wollen heute die 100-Kilometer-Marke knacken, und die Chancen stehen nicht schlecht. Vielleicht schaffen wir es sogar bis Well 9.

Wir gönnen uns kaum Pausen. Zirkeln die Motorräder vorbei an Büschen, Baumstümpfen und Termitenhügeln. Der Blick ist immer auf den Track gerichtet. Der gibt sich widerspenstig, selten gelingt es mir, die Tachoanzeige über 25 Stundenkilometer zu treiben. Oft geht es über mehrere hundert Meter sogar nur im Schneckentempo voran. Weiter, weiter. In der Hektik verfahren wir uns, nehmen einen falschen Abzweig und stehen plötzlich vor einem Loch im Boden, dem Canning Bore. Ein riesiges Windrad zieht hier das Wasser aus der Erde. Der Weg verliert sich im Nichts. Einige Rinder, die sich um eine Viehtränke geschart haben, galoppieren davon. Die Tiere wissen genau, was ein Motorrad ist und was sie davon zu erwarten haben. Hier draußen benützen die Cowboys kleine wendige Enduros, um ihre Herden zusammenzutreiben.

Kaum hat sich die Aufregung gelegt, dringt ein Geräusch an unsere Ohren, das wir schon seit Tagen nicht mehr gehört haben: Kein Zweifel, ein Fahrzeug, und es kommt näher. Auf einmal quetscht sich ein bulliger Geländewagen durch das Gebüsch. Voll beladen, die Federung hängt ziemlich in den Knien. Zwei ältere Herren und eine Frau steigen aus. Die Begrüßung fällt australisch herzlich aus: »Hey yaa doing, mate«, schütteln sie uns die Hände. Marilyn, Colin und Robert folgen unserer Fährte seit Wiluna. Sie brachen einen Tag nach uns auf und rätseln seitdem über die seltsamen Spuren auf dem Track. Auch sie haben offensichtlich den falschen Abzweig erwischt. Nun stehen wir an diesem Wasserloch und studieren von Kuhfladen umgeben die Karte.

Reden über Windich Springs und über die Wasserqualität der einzelnen Brunnen. Dabei nerven Millionen von Fliegen, die in den Verdauungsextrakten der Rinder ein Zuhause gefunden haben. Ein ungemütlicher Ort, und so ist der Erfahrungsaustausch über die bisherige Strecke nur von kurzer Dauer.

Gemeinsam machen wir uns auf den Weg zurück zur Canning. Kaum ist die erreicht, sehen wir nur noch die Staubwolke von Colins Auto. Sie sind eben doch etwas schneller unterwegs als wir, diese Allradler.

Laut Karte sind es noch 16 Kilometer bis zu unserem gesteckten Ziel und nur noch zwei Kilometer bis zur 100-Kilometer-Marke. Viel Zeit bleibt allerdings nicht, bis die Sonne auf den Horizont trifft. In gut einer Stunde ist es Dunkel. Wird das reichen? Es reicht. Die Canning zeigt sich gnädig, als wolle sie unsere heutigen Anstrengungen belohnen. Wir kommen gut voran und erreichen noch bei Tageslicht Well 9 (25° 01' 06" Süd, 121° 36' 11" Ost): Ein Wasserfass, ein Windrad und ein Viehgatter. Sie stehen dort wie ein letztes Mahnmal der Zivilisation. Eine kurze Piste führt von hier zur Glen Ayle Station. Die letzte Möglichkeit, aus der Canning auszusteigen. Die nächste besteht erst wieder an Well 23. Knapp 300 Kilometer liegen nun hinter uns. Mir kommt diese Strecke unendlich vor. 1.700 Kilometer stehen noch an. Am besten nicht darüber nachdenken.

Wir schlagen unser Zelt etwas abseits des Brunnens auf. Denn die Eigentümer der Glen Ayle Station schätzen es nicht, wenn man zu nahe am Wasserloch nächtigt.

Ein großes Schild am Viehgatter fordert den Reisenden auf, gebührenden Abstand zu halten, da sonst die Tiere nicht zur Tränke kommen.

Es ist schon Dunkel, als endlich das Feuer brennt und das Wasser für die »2 Minute Noodles« kocht. Ein eisiger Wind weht über das Buschland. Es ist bitterkalt. Erschöpft aber zufrieden hocken wir vor den Flammen und beobachten, wie der letzte Lichtsaum hinter dem Horizont verschwindet. Nun ist es stockfinster. Das Licht des kleinen Feuers leuchtet einige Meter weit, dahinter verschwindet alles in der Dunkelheit.

In einer Nacht wie dieser wurden genau an dieser Stelle John Forrest und Tommy Pierre von Aborigines überfallen. Sie hatten die Quelle entdeckt und sie zu Ehren von Gouverneur Weld, der Forrests Expedition großzügig unterstützt hatte, Weld Springs genannt. Sie schlugen ihr Lager auf. In der Nacht griffen die Ureinwohner an, warfen Speere nach ihnen. Mit Schüssen konnten Forrest und Pierre die Angreifer vertreiben. Doch die beiden waren sich sicher, dass die Aborigines im Schutz der Dunkelheit wiederkommen würden. Aus diesem Grund bauten sie am Wasserloch eine Steinhütte, um sich besser verteidigen zu können. Die Überreste dieser Behausung sind heute noch an Well 9 zu sehen.

Aborigines, die als Nomaden durch das Outback ziehen, gibt es seit mehreren Jahrzehnten nicht mehr. Der letzte Stamm, der nach der Tradition der Urväter durch die Wüste streifte, wurde Anfang der 70er-Jahre sesshaft. Gezwungenermaßen, denn trotz der Weite des Landes war für die Aborigines plötzlich kein Platz mehr.

Die Farmer beanspruchten mehr und mehr Land für ihre Viehzucht. Die meisten Ureinwohner leben deshalb heute in Städten wie Alice Springs oder Katherine. Oder sie fristen ein Dasein in den Communities. Das sind kleine Dörfer, die die Weißen nach deren Verständnis von zivilisiertem Leben bauten.

Obwohl wir Angriffe nicht zu fürchten haben, ist diese Nacht unheimlich. Der Mond, nur eine schmale Sichel am Himmel, spendet kaum Licht. Unser Feuer ist der einzige helle Punkt weit und breit. Alles, was sich außerhalb des Lichtscheins der Flammen abspielt, bleibt unseren Blicken verborgen. So können schon die tapsigen Tritte einer Kuh, die auf ihrem Weg zum Wasserloch wenige Meter an unserem Camp vorbeizieht, für einen kurzen Moment der Aufregung sorgen.

Zufrieden kriechen wir in die Schlafsäcke. Zum ersten Mal haben wir sie geknackt, die 100-Kilometer-Marke. Genau 114 Kilometer haben wir heute zurückgelegt. Nicht schlecht. Dafür mussten wir bis in die Dämmerung hineinfahren. Aber wir haben es geschafft. Morgen sollen es wieder 100 Kilometer werden. Ganz sicher unter anderen Bedingungen. Denn ein paar Kilometer weiter nördlich beginnen die Dünen der Little Sandy Desert. Dort fängt sie an, die richtige Canning Stock Route. Unsere schweren Maschinen über die Sandberge zu wuchten, wird sicher keine einfache Angelegenheit. Zunächst jedoch liegt zwischen uns und den Dünen eine ganze Nacht voll Schlaf.

Kapitel 4 – A. Hülsmann

Dünen bis zum Horizont

»Läuft da draußen etwas schief, kannst du froh sein, wenn du dein Leben mit zurücknehmen kannst.«

Auch dieser Morgen ist kalt, saukalt. Ein eisiger Wind zieht über das karge Land. Knackige Minustemperaturen sind der Antrieb für einen schnellen und zügigen Aufbruch. Die 114 Kilometer von gestern machen uns euphorisch. Eine Distanz, an die wir heute unbedingt wieder anknüpfen wollen. Zum ersten Mal haben wir gestern auf der Canning richtige Fortschritte gemacht. Ein gutes Gefühl. An die 100 Kilometer werden wir auch heute wieder schaffen, daran hegen wir nicht den geringsten Zweifel. Es wird sicher nicht leicht, denn ein paar Kilometer weiter beginnen die Sanddünen der Little Sandy Desert. Aber jetzt, wo es so richtig gut läuft, wird das Vorhaben schon klappen.

Während wir uns in den Sattel schwingen, fällt ein letzter Blick auf Well 9. Dieser Brunnen ist einer der geschichtsträchtigsten Orte auf der ganzen Route. Alle waren sie hier: Forrest, Hann, Canning. Jeder der Pioniere richtete an diesem Wasserloch ein Basislager ein. Zum Teil sind ihre Spuren noch zu finden, wenn auch schon ziemlich verwischt. Von Cannings Brunnenkonstruktion sind nur noch ein paar Holzreste übrig, von Forrests Schutzhütte lediglich ein Steinhaufen. Überbleibsel aus der Vergangenheit, an denen immer noch jede Menge Legenden kleben. Neu dagegen das Windrad, das geräuschvoll Wasser in einen verbeulten Tank pumpt. Well 9 war schon immer ein Ort, der das Überleben im Outback sichert. Damals den Entdeckern, heute den Rindern.

Seit Well 6 haben wir zwar nur wenig Wasser verbraucht, dennoch nutzen wir die Gelegenheit, um die Vorräte wieder komplett aufzufüllen. Die negativen Erfahrungen an Well 3 zeigen immer noch ihre Wirkung. Außerdem haben wir bis jetzt keine gesicherten Kenntnisse, welche Brunnen gutes Wasser führen. Deshalb gehen wir lieber auf Nummer sicher.

20 Kilometer später taucht Well 10 vor uns auf (24° 51' 08" Süd, 121° 39' 10" Ost). Damit lassen wir das Farmland, das uns stets in Reichweite der Zivilisation wähnte, endgültig hinter uns. Jetzt wird es ernst: Hinter Well 10 beginnt die Ewigkeit des Outbacks.

Die Viehtreiber nannten dieses Wasserloch »Lucky Well«. Für sie, die die Canning im Gegensatz zu uns in umgekehrter Richtung bewältigten, war es die Rückkehr ins Leben. Das Ende der Einsamkeit, der Entbehrungen und vor allem das Ende der Sanddünen. Lucky Well bedeutete Sicherheit, denn dort standen sie wieder auf

Farmland. Zwei Monate dauerte es, das Vieh durch die Wüste zu treiben. In dieser Zeit waren die Treiber auf sich alleine gestellt, Hilfe von außen konnten sie nicht erwarten. Nun lag die Zivilisation endlich in greifbarer Nähe. Sie kam manchmal sogar zu ihnen hinaus nach Well 10. Und das mitunter in stilvoller Art und Weise. So fuhr in den 30er-Jahren der Rancher Robert Falconer seinen Jungs mit einem Rolls-Royce Silver Ghost entgegen. Brachte ihnen Proviant und begutachtete das Vieh. Eine Tradition, die die Familie Falconer fast zwei Jahrzehnte lang pflegte. Auf der Glen Ayle Station hat zwar schon längst ein anderer Besitzer das Sagen. Den Rolls-Royce, den gibt es jedoch immer noch. Und gelegentlich drehen die heutigen Eigentümer mit diesem Wagen sogar eine Runde.

Dabei war der Rolls beileibe nicht das einzige skurrile Vehikel, das sich jemals auf der CSR tummelte. Immer wieder versuchten Mutige, den Track mit etwas anderem als den üblichen allradgetriebenen Geländewagen zu bezwingen. Sie probierten es mit Dünen-Buggys, selbst ein Citroen 2 CV wurde über die Canning gescheucht. Die meisten dieser Kuriositäten kamen tatsächlich durch, einige von ihnen blieben jedoch erwartungsgemäß auf der Strecke. Diese Relikte des Scheiterns sind heute noch zu sehen, Mahnmale am Rande der Piste, dem Verfall preisgegeben.

Direkt hinter Well 10 steht ein solches Wrack. Was einmal ein Auto war, ist heute nur noch ein Haufen zusammengerosteter Schrott. Bis auf die Knochen ausgeweidet. Denn im toten Winkel der Konsumgesellschaft wird nichts verschwendet. Für fast jedes Teil findet sich irgendeine Verwendung.

Dieser Rosthaufen zeigt uns einmal mehr ziemlich deutlich, wie erbarmungslos die Regeln im Outback sind. Eine davon lautet lapidar: Was kaputt geht, bleibt zurück. »Bis hierher kommt der Pannendienst anscheinend nicht«, stellt Jörg fest. Recht hat er. Dieses Wrack soll uns eine Warnung sein: Quittiert eines der Motorräder den Dienst, müssen wir es hier draußen zurücklassen und in die Galerie der Fehlschläge einreihen. Ich erinnere mich an den Satz, den uns in Wiluna ein Australier mit auf den Weg gab: »Läuft da draußen etwas schief, kannst du froh sein, wenn du dein Leben mit zurücknehmen kannst.«

In diesem Augenblick ist dieser Rat präsenter denn je, und wir wissen eines ganz genau: Sollte wirklich etwas passieren, sind wir erst einmal auf uns alleine gestellt. Seit fünf Tagen fahren wir bereits auf der CSR und haben erst ein Fahrzeug getroffen. Und selbst das ist inzwischen wie vom Erdboden verschwunden. Colin & Co. haben uns wider Erwarten noch nicht überholt. Gestern noch fuhren wir auf dem Weg zu Well 9 am Lager der drei vorbei und verabredeten uns für heute. »I will catch up with you at least at Well 10«, versicherte Colin noch. Doch Well 10 liegt mittlerweile schon einige Kilometer hinter uns, und von Colins dunkelrotem Toyota fehlt jede Spur. Vermutlich haben die drei Hobby-Ornithologen beim Beobachten der Vögel vollkommen die Zeit vergessen.

Kontakt Nummer zwei erfolgt dementsprechend mit

einer anderen Gruppe. Oder besser gesagt: mit einer ganzen Kompanie. Denn gleich fünf Geländewagen, alle in Nord-Süd-Richtung unterwegs, kommen uns kurz vor Well 11 unvermittelt entgegen. Das Hallo ist groß. Die Kolben unserer Einzylinder sind noch nicht zur Ruhe gekommen, schon werden wir von einem Haufen erstaunter Australier umringt. Das übliche Outback-Frage-und-Antwort-Spiel beginnt: Woher, wohin, womit, weshalb. Der rege Informationsaustausch dient keineswegs nur zur Befriedigung der Neugier. Jeder gibt dem anderen wertvolle Hinweise über die bisher zurückgelegte Strecke. Die wichtigsten Infos sind die über gutes Wasser. Sie können Leben retten.

Was die Truppe über den weiteren Verlauf der Piste erzählt, ist alles andere als ermutigend. Man ist sich vollkommen sicher: Jörg und ich würden da draußen durch die Hölle gehen. Überall mörderischer Sand, in dem die Motorräder hoffnungslos versinken würden. Scheint sich nun das zu bestätigen, was ich bei den Vorbereitungen in einem der Bücher über die CSR lesen musste? Cannings Kamele, so stand da, versanken bis zu ihren Knien im Sand, und die Männer konnten die Tiere nur mit äußerster Härte über die Dünen treiben. Mir wird leicht mulmig. Ob wir den Tiefsand leichtsinnigerweise unterschätzt haben?

Einer aus der Truppe sieht mir meine Gedanken wohl an und tritt auf mich zu. Es ist Steve, der Chef des Konvois. Bisher hat er sich im Hintergrund gehalten und sieht nun seine Zeit gekommen. So schlimm sei es nun auch wieder nicht, beruhigt er mich: »You are going the easy way, guys.« Höre ich richtig? Wir hätten den einfacheren Weg gewählt? Kann ich mir nicht vorstellen. Andererseits kennt Steve sich im Outback wohl aus, da er offensichtlich berufsmäßig Leute über die Canning lotst. Die Dünen seien wesentlich steiler, sagt er, wenn man von Norden käme. Auch sei dort der Sand weicher. Und außerdem ... Kurzum: Seiner Meinung nach ist es die wesentlich schwierigere Variante, die Canning Stock Route von Norden nach Süden zu fahren. »What you are doing, is actually the ladies tour«, lautet sein Resümee. Aufmunternd klopft er uns auf die Schultern, nimmt sich eine Dose kühles Bier aus dem Auto, pfeift seine Truppe zusammen und ist so blitzartig verschwunden wie er aufgetaucht ist.

Jörg und ich müssen diese Begegnung der besonderen Art erst einmal verarbeiten. War das soeben Realität oder Traum? Was Steve sagen wollte: Das was wir hier machten, sei eigentlich Weiberkram. Richtige Kerle kämen von der anderen Seite. Wir sehen uns kopfschüttelnd an. Ist dieser Mensch nun ein erfahrener Wüstenkenner, dessen Meinung man ernst nehmen sollte, oder ist er ganz einfach nur ein aufgeblasener Wichtigtuer? Wir sind uns nicht sicher.

»Tag Along« stand an der Fahrertür seines Geländewagens. Frei übersetzt heißt das: »Komm, ich nehme dich mit«. Steve ist Veranstalter einer Expeditionsvariante, die im australischen Reisegeschäft als »bring your own« bezeichnet wird. Der Kunde fährt im eigenen Fahrzeug, für den Rest sorgt der Tourguide.

Wir beide beschließen, uns von den Tag-Along-Fritzen nicht kirre machen zu lassen. Wir werden bald selbst sehen, ob wir den Dünen gewachsen sind oder nicht. Außerdem: Der Ausblick von der Spitze einer Düne hinaus in die Weite des Outbacks ist immer gleich faszinierend. Ganz egal aus welcher Richtung man kommt.

Weiter Richtung Well 11. Die Zwischenziele, die ich auf dem Weg dorthin anpeile, liegen direkt vor meinem Vorderrad. Meine ganze Aufmerksamkeit gehört dieser 30 Zentimeter schmalen Spurrille, in der die BMW mal rollt, mal wühlt, mal rutscht, mal bockt, mal schleudert. Ich versuche meine Gedanken zu disziplinieren und sie im Zaum zu halten. Wie oft schon haben mich meine Träumereien innerhalb der letzten Tage in Schwierigkeiten gebracht. Nur wenn wir stehen bleiben, erlaube ich den Augen einen Blick in die Landschaft.

»When things get tough«, sagen die Australier, wenn es ernst wird. Und ab heute wird es für uns auf der Canning richtig ernst. Dieser verfluchte Tiefsand gestaltet das Vorankommen äußerst mühsam. Mühsamer als gestern. Meter um Meter quälen wir uns an dem dichten Buschwerk links und rechts der Piste vorbei. Ob wir auch heute wieder 100 Kilometer schaffen werden? So jedenfalls nicht. Aber es geht einfach nicht schneller. Sobald wir versuchen, ein wenig zu beschleunigen, geraten die Maschinen außer Kontrolle. Bis dann eine Alubox an einem Gebüsch einfädelt, ist nur noch eine Frage der Zeit. Meist gibt es in so einem Fall einen lauten Knall, und die Maschine bricht schlagartig zu Seite aus. Manchmal gelingt es uns, sie wieder in die Spur zurückzudrängen, manchmal nicht. Der Schreck sitzt uns danach noch minutenlang in den Gliedern.

Irgendwann hat Jörg wohl den Bogen raus. Locker und lässig fährt er einige hundert Meter vor mir in seiner Spur und zieht eine saubere, gerade Linie in den Sand. Verdammt. Wie macht er das? Liegt es an der Spur? Ist seine besser als meine? Von Anfang an fährt er rechts, ich links. Der Zufall hat es so gewollt, und wir haben uns bisher keine Gedanken darüber gemacht. Vielleicht ist es jetzt an der Zeit. Also rüber in die rechte Spur. Das Resultat ist eine einzige Katastrophe: Dort drüben komme ich noch weniger zurecht. Hilflos paddle ich mit den Beinen im Gestrüpp, das Motorrad tanzt wie eine Jolle bei Windstärke zehn. Ein souveräner Fahrstil sieht ganz anders aus. Also wieder zurück in die angestammte Spur. Tja, die Früchte in Nachbars Garten. Die sehen immer reifer aus als die eigenen.

Am frühen Nachmittag passieren wir Well 11 am südlichen Ende des White Lake (24° 44' 56" Süd, 121° 44' 02" Ost). Canning nannte diesen See so, weil das Weiß der salzigen Oberfläche im Sonnenlicht extrem reflektiert. Ein Glanz, der den Rest der Natur so gut wie verblassen lässt.

Es ist kurz nach Mittag, und wir haben gerade einmal 36 Kilometer zurückgelegt. Das sieht überhaupt nicht nach einem neuen Tagesrekord aus. Wo ist die Zeit nur geblieben? Dabei starteten wir heute Morgen schon sehr früh. Doch dann kamen die zahlreichen Stopps, Well 9, das Autowrack und Steve mit seiner Truppe. Das alles kostete viel Zeit. Die Aussichten auf einen schnelleren Schnitt am Nachmittag stehen auch nicht besser, denn direkt hinter Well 11 beginnen die Dünen der Little Sandy Desert. Seit wir Lucky Well hinter uns ließen, wurde die Strecke ständig sandiger, blieb aber relativ flach. Nun erhebt sich genau vor unserer Nase die erste nennenswerte Düne. Ein guter Ort für eine Pause, der richtige Moment für den ersten Müsliriegel des Tages.

Wir sind ziemlich aufgeregt und gespannt, was uns in den Dünen erwartet. Die Reifen werden etwas entlüftet, um die Auflagefläche zu erhöhen. Dann eine kurze Begehung des Tatortes. Der Sand am Fuß der Düne ist zerfurcht und tief. Furchtbar tief. Schwung holen und mit ordentlich Speed den Hügel hinaufpreschen? Geht nicht. Denn mitten im Anstieg macht der Track eine scharfe Kurve. Danach ist es mit dem Schwung vorbei. Eine Alternativtaktik fällt uns nicht ein. Wir werden es einfach darauf ankommen lassen müssen. Ob und wie wir diese Düne meistern, wird uns zeigen, was wir in den folgenden beiden Wochen zu erwarten haben.

Es hilft nichts, wir müssen da rauf. Ich zuerst. Erster Gang, der Motor heult auf, gibt sein Letztes. Die Drehzahl ist am Anschlag, der Sand spritzt im hohen Bogen nach hinten weg, und dennoch geht es kaum voran. Jetzt nicht stehen bleiben, bloß nicht stehen bleiben. Das fehlte noch, dass sich das Hinterrad jetzt schon eingräbt. Ich rudere mit den Beinen mit. Die Kurve im Anstieg zieht sich quälend lang hin, verschlingt auch noch das letzte

Bisschen an Fahrt. Jörg stürzt herbei. Schiebt aus Leibeskräften. Unter meinem Helm ist es unerträglich heiß, ich bekomme kaum noch Luft. Pruste und schnaube, und der Gipfel ist noch so weit weg, kommt kaum näher. Die Beine rudern, rudern, rudern und rudern. Jeder Atemzug sticht in der Lunge. Dann endlich ist es geschafft! Ich bin oben. Motor aus und die Maschine einfach fallen lassen.

Mir fehlt die Kraft, um das Motorrad ordentlich abzustellen. Beide liegen wir auf dem Boden und japsen nach Luft. Es dauert eine Weile, bis mein Verstand das wahrnimmt, was die Augen schon lange erfasst haben: Dünen bis zum Horizont. Der Track wird sich also nicht bessern. Nicht auf den nächsten 1.000 Kilometern. Dies ist ein Augenblick der Hoffnungslosigkeit, der Resignation. Keine rosigen Aussichten für die kommenden Wochen. Und das soll bis Well 33, wenn wir Steves Aussagen glauben schenken, der angenehme Teil sein.

Der Motor von Jörgs Maschine heult auf. Laut, fast schon kreischend schiebt sich seine BMW langsam durch den weichen Untergrund. Stück für Stück die Düne hinauf. Er wird langsamer. Mit einem Satz bin ich bei ihm, schiebe aus Leibeskräften. Die Stollen am Hinterrad finden nicht allzu viele Möglichkeiten im losen Sand, den Einzylinder voranzubringen. Dann ist auch Jörg samt Motorrad oben. Es ist geschafft, die erste Düne ist bezwungen.

Erschöpft sitzen wir auf dem Kamm der Düne. Tropfnass, schweißgebadet. Wir blicken hinaus auf das Meer aus Sand, auf dessen Wellen wir in den nächsten Tagen reiten wollen. Schon diese Düne hat körperlich alles von und gefordert.

Ganz in der Nähe scheiterte 1942 der erste Versuch, die Canning Stock Route mit Motorfahrzeugen zu durchqueren. Captain Rusell von der australischen Armee kämpfte sich mit fünf Lastwagen so lange vorwärts, bis heftige Regenfälle seiner Expedition ein Ende setzten. Würden wir jetzt aufgeben, wären wir also in guter Gesellschaft. Aber aufgeben kommt nicht in Frage. Natürlich hat uns diese erste Düne ziemlich demoralisiert. Doch ich denke an die vielen Abenteurer vor uns, die in ähnlichen Situationen steckten. Die hätten auch nicht gleich bei der ersten Schwierigkeit das Handtuch geworfen.

»Weniger Luft«, durchbricht Jörg meine Gedanken. »Wir versuchen es mit noch weniger Luft.« Der Reifendruck steht jetzt bei 1,5 bar am Hinterrad und 1,2 bar am Vorderrad. Wir lassen Luft ab und senken den Druck auf 1 bar hinten und 0,8 bar vorn. Das ist nicht ganz risikofrei, da wir ohne Reifenhalter fahren. Dreht sich der Mantel auf der Felge, kann das Ventil am Schlauch abreißen. Da nur ein Satz Reserveschläuche für jedes Motorrad zur Verfügung steht, ist diese Unterdrucknummer ein Wagnis. Wir müssen auf alle Fälle die Ventile genauestens im Auge behalten.

Nächste Düne, neuer Versuch. Diesmal hat der Anstieg keine Kurve. Also Vollgas und los. Es funktioniert. Ich muss zwar immer noch kräftig mit den Beinen rudern, erreiche aber ohne Fremdhilfe den Dünenkamm.

Auch Jörg steht wenig später neben mir. Na also, geht doch. Auf einen Schlag sind alle Bedenken weggefegt. Euphorie und Erleichterung übermannen uns.

Auch die nächsten Erhebungen bezwingen wir ohne Probleme. Jede Düne bleibt jedoch nach wie vor eine körperliche Herausforderung. Die Beine rudern immer mit. Bei den Auffahrten übernehmen sie die Steuerungsfunktion, da in der engen Rinne lenken nicht möglich ist. Das Vorderrad setzt sich in der Spur fest und bleibt dort wie eingemauert. Richtungskorrekturen lassen sich nur mit den Füßen vornehmen. Das sieht zwar nicht gerade elegant aus, aber wer verteilt hier draußen schon Haltungsnoten?

Lake Aerodrome verschafft uns eine Verschnaufpause. Die Canning verläuft am Ufer dieses Salzsees entlang. Für uns bedeutet das eine kurze Strecke auf solidem Untergrund. Snell gab dem See diesen Namen, weil er hoffte, die Oberfläche würde fest genug sein, um irgendwann Flugzeuge mit Nachschub darauf landen zu lassen. Dass dieser Eindruck trügt, musste nicht nur Snell feststellen. Im Laufe der Jahre wurde Lake Aerodrome vielen Fahrzeugen zum Verhängnis. 1980 fuhr sich ein ganzer Konvoi von Armeetransportern fest. Die Soldaten hatten beschlossen, eine Abkürzung quer über den Salzsee zu nehmen. Einer nach dem anderen der allradgetriebenen Trucks fuhr sich fest. Zehn Tage brauchten die Männer, um die Fahrzeuge wieder auf festen Untergrund zu bringen. Noch 15 Jahre später waren die Spuren ihrer Erdarbeiten zu sehen.

Entsprechend vorgewarnt, kleben wir förmlich an der Ufertrasse. Wagen uns nur zu Fuß auf den See, wobei wir schon nach wenigen Metern bis zu den Knöcheln in einer salzigen Pampe versinken. Kurzfristig müssen wir den Reifendruck erhöhen, zu groß ist das Risiko, sich auf dem harten Untergrund einen Plattfuß einzufangen. Direkt hinter dem Salzsee beginnt das nächste Sanddünenfeld, und die Luft muss wieder raus. Die Sache beginnt Spaß zu machen. Wir kommen immer besser die Anstiege hinauf, die manchmal eine Länge von 300 Metern haben. Mit den Motorrädern anschließend die Hügel hinabzusurfen macht einen Heidenspaß.

Uns ist klar, dass wir es heute nicht einmal bis Well 12 schaffen werden. Die Sonne hat sich schon verdächtig dem Horizont genähert, in nicht einmal einer halben Stunde ist es stockfinster. Es bleibt also nur noch wenig Zeit, nach einem passenden Zeltplatz zu suchen. Das ist leichter gesagt als getan. Denn neben der Piste ist das Spinifexgras so dicht, dass nicht einmal ein Schlafsack dazwischen passt. So sind wir gezwungen, das Zelt mitten auf dem Track aufzuschlagen.

Noch bevor das letzte Tageslicht verschwindet, brennt das Lagerfeuer. Knapp 60 Kilometer waren es heute. Fast die doppelte Distanz hatten wir uns noch am Morgen erhofft, und trotzdem war es ein Tag der Zuversicht. Vor allem Steves Wasserprognosen beruhigen uns erheblich. Bis Halls Creek, so versicherte er, gebe es genügend Brunnen mit gutem Trinkwasser. Auch der Alptraum Dünen hat von seinem Schrecken verloren. Mit den fast platten Reifen kommen wir die Sandberge inzwischen ganz gut hinauf.

Das Lagerfeuer ist an diesem Abend besonders groß und für uns das Zentrum der Welt. Im Schein der lodernden Flammen werfen die Desert Oaks, die Wüsteneichen, einen vagen Schatten hinaus in die Nacht. Wir sitzen dicht gedrängt vor dem knisternden Holz dieser Bäume, wo uns die Kälte nichts anhaben kann. Es sind armdicke Äste, die da gerade verbrennen. Knochentrockenes Holz, das in Hülle und Fülle unter den Bäumen liegt.

Heute Abend ist ein passender Zeitpunkt, um uns bei Herbert Schwarz von Touratech zu melden. Tief unten in einem der Alukoffer schlummert das Satellitentelefon, unsere Verbindung zur Außenwelt. Eigentlich gedacht für den Notfall. Aber die Versuchung ist zu groß, diesen Weltraum-Fernsprecher für ein kurzes Lebenszeichen zu benutzen. Das Gerät braucht keine Minute, um einen Satelliten zu finden. Dann höre ich mitten im australischen Nirgendwo ein mir sehr vertrautes Geräusch: das Freizeichen der Deutschen Telekom.

»Herbert Schwarz, Firma Touratech, guten Tag«, rauscht es mir entgegen. »Hallo Herbert, wir sind's«, antworte ich. »Wer ist wir?«, fragt es am anderen Ende der Leitung. »Na wir, Jörg und Andreas.« Stille. Dann fällt der Groschen: »Ach ihr seid es, wie geht es euch? Alles in Ordnung? Laufen die Motorräder? Gibt es Probleme? Ihr kommt so langsam vorwärts.« Herbert klingt ein wenig besorgt. »Alles im grünen Bereich«, beruhige ich ihn. »Wir wurden heute etwas aufgehalten. Es gab einfach zu viel zu sehen: ein Autowrack, zwei Salzseen und mehr als ein halbes Dutzend Menschen. Für Outback-Verhältnisse ein spektakulärer Tag.« Wieder Stille. Der arme Herbert hat wohl Schwierigkeiten, sich unseren Tagesablauf vorzustellen, der sich so völlig von seinem unterscheidet. Aufmerksam hört er sich an, dass wir mit den Sanddünen ganz gut zurechtkommen und das eigentliche Problem die dichte Vegetation links und rechts der Piste ist. Das Gespräch ist kurz, aber herzlich. Schön zu wissen, dass sich auf der anderen Seite der Erdkugel jemand Gedanken um uns macht. Ein gutes Gefühl und ein gutes Ruhekissen für die Nacht ...

Der nächste Tag beginnt im Minusbereich des Thermometers: vier Grad unter Null. Raus aus dem Schlafsack. Das Feuer entfachen, um noch vor den ersten Sonnenstrahlen ein wenig Wärme zu erhaschen. Es ist dunkel, nur ein feiner Lichtsaum im Osten zu sehen. Ich stochere in der Glut herum, und es braucht nur einen kurzen Augenblick, bis die ersten Flammen lodern. Solange das Wasser noch nicht kocht, räumen wir zusammen. Schlafsack in den Packsack quetschen, Isomatte einrollen, Kleidungsstücke in die Gepäckrolle stopfen. Jeden Morgen das gleiche Ritual.

Beim Frühstück horchen wir auf: Von Süden her nähert sich ein Fahrzeug. Einen Moment später rutscht Colin mit seinem roten Toyota über die Düne. Die drei haben nicht einmal einen Kilometer von uns entfernt übernachtet und sogar den Schein unseres Feuers gesehen. Sie hätten es gestern etwas ruhiger angehen lassen, antwortet Marilyn auf meine Frage, wo sie denn geblieben seien. Darum wollten sie heute mal ein bisschen Dampf machen, daher der frühe Aufbruch. Colin drängelt, und nicht einmal eine Minute später ist er hinter der nächsten Düne verschwunden.

Die Motoren der Bikes laufen schon beim Aufpacken. So sind sie schon vor der nächsten Düne warm, denn auch die verlangt nach Vollgas. Keine hundert Meter ist sie entfernt. Sie mit kaltem Öl in Angriff zu nehmen wäre gar nicht gut für den Motor. Ein paar Dünen weiter der Abzweig zu Well 12. Der Brunnen liegt etwas abseits der CSR (24° 30' 39" Süd, 121° 52' 21" Ost). Vom Wasserloch selbst ist nicht mehr viel übrig, die Reste werden von einigen Desert Oaks eingerahmt, die in dieser Ecke der Little Sandy Desert häufiger vorkommen.

Heute läuft es. Wir nehmen eine Düne nach der anderen, surfen regelrecht über die Sandhügel. Wenn es nur so bleiben würde. Drei Fahrzeuge kommen uns entgegen. Da es im Outback unüblich ist, einfach aneinander vorbeizufahren, halten wir an. Ein kurzer Smalltalk muss schon sein. Ein großer, kräftiger Mann hinter dem Steuer des ersten Wagens streckt seine Hand aus dem Fenster. »Hi mate, I'm Paul, how a yaa«, stellt er sich im breitesten Aussie-Slang vor. »I'm Andy, well thanks mate and yourself«, antworte ich. Australische Brauchtumspflege mitten im Outback. Paul möchte wissen, ob es Richtung Süden noch schwierige Passagen gibt. Ich kann ihn beruhigen. Was noch kommt ist »easy going«. Daraufhin runzelt Paul die Stirn. »Ich wünschte, ich könnte euch das Gleiche sagen. Aber was Richtung Norden auf euch wartet, ist kein Spaß.« Dieser Paul versteht es, einem Mut zu machen. Nach dem Benzindepot hinter Well 23, so erzählt er, hätten sie sich jeden Tag eingebuddelt. Manchmal seien sie nur im Schritttempo vorangekommen. »Tja, dann üben wir mal wieder«, meint Jörg trocken, fährt los und stürmt die nächste Düne.

Ohne irgendwo stecken zu bleiben erreichen wir Well 15 (24° 08' 27" Süd, 122° 12' 07" Ost). 90 weitere Kilometer stehen auf dem Tacho, und es ist erst später Nachmittag. Eigentlich genügend Zeit, um noch ein paar Kilometer in Angriff zu nehmen. Doch Well 15 hat einen unschlagbaren Vorzug: Hier gibt es sehr gutes Wasser, und davon jede Menge. Auf einen solchen Luxus wollen wir auf gar keinen Fall verzichten.

Satelliten-Tracking

Auf unserer Fahrt entlang der Canning Stock Route hatten wir ein so genanntes Satelliten-Trackingsystem dabei. Mit dessen Hilfe kann über GPS-Satelliten die Position eines Fahrzeuges erfasst und direkt auf einer elektronischen Landkarte bzw. einer Internetseite dargestellt werden. Ein am Fahrzeug befestigter und mit einem Modem ausgerüsteter Sender schickt seine Signale an einen Satelliten im Weltall, der daraus die Koordinaten des Fahrzeuges bestimmt und diese an den PC des Empfängers weiterleitet.

Als Sender verwendeten wir den Satellite-Tracker DMR 200 C. Das Gerät ist handtellergroß, wasserdicht und sehr robust. Es bewährte sich auf der CSR bestens und funktionierte fehlerfrei. Der Satellite-Tracker ist leicht zu montieren, arbeitet automatisch und benötigt lediglich einen Stromanschluss. Der Strom kann direkt dem Motorrad z. B. über eine 12-Volt-Steckdose entnommen werden. Um einen einwandfreien Empfang der GPS-Signale durch den Satelliten zu garantieren, muss der Tracker so angebracht werden, dass er direkte Sicht auf den Himmel hat. Er darf also durch nichts verdeckt werden. Das Gerät sendet nicht permanent, sondern in Intervallen. Das Sendeintervall muss vor Inbetriebnahme definiert und vom Fachhändler eingestellt werden. Das kürzeste Intervall beträgt fünf Minuten. Die gesendeten Daten geben Auskunft über Position, Höhe, Kurs und Geschwindigkeit des Fahrzeuges. Das System funktioniert weltweit mit Ausnahme der Polarregionen.

Um unsere Position auf der Canning Stock Route optisch darzustellen, verwendeten wir das Navigationsprogramm TT QV3 Professional der Firma Touratech. TT QV3 wurde speziell für Expeditionsbedingungen entwickelt und besitzt die entsprechenden Hardwareschnittstellen zum Verarbeiten der Daten des Satellite-Trackers. Das Programm ist in der Lage, diese Daten über einen Internetanschluss vom Server herunterzuladen und sofort, also live, auf dem PC anzuzeigen. Hierfür können sowohl handelsübliche digitale Karten als auch selbst digitalisiertes Kartematerial benutzt werden.

Wer über kein TT QV3 oder eine andere taugliche Software verfügt, kann bei der Firma Touratech ein Internet-Upload buchen. Die erforderlichen Karten mit den angezeigten Daten und Positionen werden dann auf einer gewünschten Internetadresse angezeigt.

Kapitel 5 – J. Becker

Rankins Trolley

»Uns wird schnell klar, dass wir ein solches Vehikel keine 100 Meter durch den Sand zerren möchten.«

Well 15. Eine sternenklare Nacht liegt hinter uns. Sternenklar und eiskalt. Immer noch liegt die Temperatur um den Gefrierpunkt. Der Tripmaster meines Motorrades verrät es. Am liebsten würden wir eingekuschelt in unseren Schlafsäcken liegen bleiben. Doch die australischen Wintertage sind kurz. Zu kurz, um die kostbare Zeit des Tageslichts zu vergeuden. Also raus in die Kälte.

Andreas entfacht gerade das Feuer neu. Ein inzwischen allmorgendliches Ritual. Es lässt uns den Tag mit einem Hauch von Gemütlichkeit beginnen. 6.15 Uhr. Die Sonne ist dabei aufzugehen. Wir sitzen am Feuer, genießen die friedliche Morgenstimmung der Wildnis. In Erwartung unseres spärlichen Frühstücks erinnern wir uns an die Tage vor dem Start zur Canning Stock Route. Sie begannen stets mit einem üppigen, kalorienüberzogenen Essen. Andreas schnalzt mit der Zunge: »Weist du noch? Dieses riesige Frühstück in Wiluna? Wurst, Speck und Eier.« Sicher erinnere ich mich daran. Es war das letzte richtige Frühstück, bevor wir in die Wildnis aufbrachen. Der Chef des Zeltplatzes hatte es persönlich zubereitet. Und Kaffee soviel ich wollte.

Inzwischen brennt das Feuer. Zeit für unser Outback-Breakfast: Eine Tasse mit Müsli, Milchpulver, Wasser und einer Multivitamintablette. Danach gibt es Tee. Den können wir aber erst aufbrühen, wenn das Müsli gegessen ist – jeder hat nur eine Tasse dabei.

Das Wasser gibt Rauchzeichen. Es kocht. Ich nehme den Billy vom Feuer und verbrenne mir dabei fast die Finger. Die runden, hoch gezogenen Wasserkessel, von den Aussies kurz »Billy« genannt, werden am offenen Feuer ungewohnt schnell heiß. Einige sind aus Edelstahl, andere nicht. In der Regel ist der Billy von außen verrußt. Was ihnen allen gleich ist: Sie fehlen in keiner Outback-Ausrüstung.

Um 8.30 Uhr ist alles verzurrt, die Motoren laufen bereits. Es lohnt sich, vor 9.00 Uhr auf der Piste zu sein. In den Morgenstunden fährt es sich nämlich besonders gut. Die Feuchtigkeit des nächtlichen Raureifes steckt noch im Sand und macht ihn hart und tragfähig. Sobald ihn jedoch die Sonne im Laufe des Tages trocknet und pulverisiert, beginnt der Kampf aufs Neue.

Die 24 Liter Frischwasser pro Maschine machen sich beim Fahren bemerkbar. Müssen jedoch sein. Auf jedem der beiden Alukoffer liegt festgezurrt ein Wasserbeutel. Insgesamt 24 Liter für jeden von uns. Reicht für drei bis vier Tage. In puncto Wasserversorgung ist der Routenplaner zur Canning Stock leider ungenau. Angaben, auf die wir uns lieber nicht verlassen wollen. Deshalb schleppen wir stets einen Notvorrat mit. Das Wasser von Well 15 hat beste Qualität. Also haben wir unsere Fahrspaßbremsen wieder bis zur maximalen Dehnbarkeit gefüllt. Es sind schon echte Fahrspaßbremsen, diese Kunststoffbeutel von MSR. Sie bringen unsere Motorräder manchmal so zum Schaukeln, dass wir das Gefühl haben, auf einem Kamel mit prallem Höcker zu sitzen.

So gilt also auch heute Morgen meine volle Aufmerksamkeit wieder der Piste. Ja nicht stürzen. Nur am Rande nehme ich die Landschaft war. Spinifexgras, Büsche und Termitenhügel. Ähnlich wie gestern. Vereinzelt stehen Bäume an der Piste, meist »Desert Oaks«, Wüsteneichen.

Am Scheitelpunkt einer Düne warte ich auf Andreas. Er fährt dicht hinter mir und quält gerade seine BMW unter gewaltigem Sandauswurf den Hang hinauf. Wie eine Schneefräse pflügt die Maschine durch den Sand. Oben angekommen, legt er erst mal eine Verschnaufpause ein. Er ist der Meinung, ständig diejenige der beiden Spuren mit den meisten Termitenhügeln zu erwischen. Schon möglich. Es gibt ja auch Leute, die stellen sich grundsätzlich an der falschen Supermarktkasse an. Murphys Gesetz eben. Ob das auch im Outback gilt? Jedenfalls ist der Gute sichtlich genervt. Kein Wunder: Seine unter den Koffern befestigten Reservekanister nehmen ständig mit Termitenhügeln Kontakt auf. Dichte Mulgagrasbüschel verstecken die heimtückischen Dinger, und wir bemerken sie meist erst dann, wenn es bereits gekracht hat. Dass sie fast so hart sind wie Beton, bescheinigen die Beulen in den Reservekanistern.

Zirka 18 Kilometer weiter finden wir zwischen den Büschen eines der bekanntesten Wracks der Canning Stock Route: Rankins Trolley (24° 2' 5" Süd, 122° 17' 27" Ost). Während wir das völlig verrostete Gerippe untersuchen, wird uns schnell klar, dass wir ein solches Vehikel keine 100 Meter durch den Sand zerren möchten. So wie der Neuseeländer Murray Rankin vor rund 30 Jahren.

Der hatte sich in den Kopf gesetzt, gemeinsam mit den beiden Briten Peter und John Waterfall die Canning Stock Route zu Fuß von Süden nach Norden zu bewältigen. Für den Transport der Ausrüstung konstruierte er spezielle rikschaähnliche Handkarren. Immerhin galt es gut 80 Kilogramm Proviant und etwa 50 Liter Wasser unterzubringen. Im Juli 1974 starteten die drei Abenteurer zu ihrer Expedition. Bereits am neunten Brunnen brach der Trolley von John Waterfall zusammen. Er musste aufgeben. Murray Rankin und Johns Bruder Peter schafften es noch bis zu dem Punkt, an dem wir nun stehen. Irgendwo weit hinter Brunnen 15. Hier stellten die Radlager ihrer Karren, vom Sand zerfressen, den Dienst ein. Ein Weiterkommen war unmöglich. So mussten sie die Trolleys stehen lassen und marschierten zurück nach Wiluna.

Doch Aufgeben stand für Rankin nicht zur Debatte. Nur zwei Jahre später versuchte er erneut, die Canning zu Fuß zu bezwingen. Diesmal startete er im Norden, begleitet von Rex Shaw und Kathy Burman. Die Ausrüstung wurde nun nicht mehr auf Handkarren, sondern in einen Landrover verladen. So brauchten sich die Wüstenwanderer nicht mehr auf das Voranzerren der Karren zu konzentrieren, sondern konnten ihre ganze Kraft in den Fußmarsch investieren. Doch auch mit Begleitfahrzeug waren die Strapazen so groß, dass Kathy nach 11 Brunnen aufgab. Rankin ging weiter, wie schon zwei Jahre zuvor, und schaffte es diesmal tatsächlich: Gemeinsam mit dem 16-jährigen Rex Shaw erreichte er Wiluna. Zu Fuß. Nach zwei Monaten. Eine tolle Leistung.

Wir verstauen unsere Foto- und Filmausrüstung und fahren weiter. Knapp die Hälfte der Strecke zwischen Well 15 und Well 16 ist bis jetzt geschafft. Und damit auch die Hälfte der 22 Dünen, die sich zwischen diesen beiden Brunnen auftürmen. Am späten Vormittag passieren wir die Abzweigung zu Well 16 (23° 54' 30" Süd, 122° 23' 2" Ost). Rund 400 Meter sind es bis zum Brunnen, so steht es auf einem ausgemergelten Schild. Normalerweise riskieren wir wegen unseres knappen Treibstoffvorrates so gut wie keine Umwege abseits der Route. Aber 400 Meter? Das müsste machbar sein. Wir sind gespannt, was uns erwartet. Zunächst ein Idyll: Malerisch liegt der Brunnen da, von Eukalyptusbäumen umgeben. Doch der erste Eindruck täuscht. Beim Näherkommen sehen wir, dass Well 16 total zerfallen ist. Vollkommen vermodert und vergammelt. Schwerer wiegt die Tatsache, dass auch das Wasser unbrauchbar ist. Absolut ungenießbar. Gott sei Dank haben wir an Well 15 die Wassersäcke noch einmal vollständig gefüllt.

Wo wir nun schon einmal hier stehen, nutzen wir die Gelegenheit zu einer Pause. Es ist Zeit für den ersten Müsliriegel des Tages. Während wir langsam und genüsslich auf den Energiebarren kauen, bemerkt Andreas: »Weißt du eigentlich, dass wir heute schon fast 40 Kilometer zurückgelegt und immer noch niemanden getroffen haben?« Jetzt fällt es auch mir wieder ein: Wo sind die drei Australier abgeblieben, die wir gestern Nachmittag an Well 15 trafen? Marilyn, Colin und Robert verließen Well 15 gerade als wir ankamen. Sie liebten die Einsamkeit, sagten sie, und würden lieber alleine draußen im Outback campen. Aha. Andreas und ich sahen uns an. Fünf Personen sind natürlich ein gewaltiger Menschenauflauf. Die drei fürchteten darüber hinaus, dass außer uns beiden noch jemand auftauchen könnte. Tja, jeder hat wohl eine andere Fluchtdistanz. Ihre Befürchtungen waren übrigens umsonst: Niemand kam mehr an.

Heute Morgen auf der fünften oder sechsten Düne sahen wir die Spuren ihres Geländewagens. Vermutlich hatten sie in der Nähe ihr Camp aufgebaut. Sie waren also ein gutes Stück weiter gekommen als wir. Was ganz normal ist. Denn mit einem 4WD, einem »Four Wheel Drive«, ist man auf der Canning Stock einfach schneller unterwegs als mit einem Motorrad. So weit hätten wir es mit unseren 1WDs auf keinen Fall mehr geschafft.

Sorgen brauchen wir uns um die drei Australier nicht zu machen. Sie sind gut ausgerüstet, besitzen viel Erfahrung und haben genügend Sprit, Wasser und Nahrung dabei. In der Regel ist es eher so, dass sich auf der CSR die Geländewagenfahrer Gedanken um die Motorradfahrer machen. Im Augenblick also um uns, weil wir die einzigen auf der Strecke sind. Wahrscheinlich macht das Trio gerade irgendwo Mittagspause. Früher oder später werden wir sie wieder treffen oder zumindest etwas von ihnen hören. Alle Fahrzeuge im Outback haben nämlich CB-Funk an Bord. Und diese Kurzwellen-Buschtrommel funktioniert einwandfrei.

Noch einen Schluck Wasser, dann fahren wir weiter. 400 Meter zurück zur Piste, an der Kreuzung links, und schon hat uns die Canning wieder. 33 Kilometer und fünf Dünen später stehen wir an Well 17 (23° 43’ 50” Süd, 122° 29’ 04” Ost). Wir kommen gut voran und sind entsprechend motiviert.

Die Etappe wird immer interessanter und abwechslungsreicher. Landschaftlich und fahrerisch. Seit einigen Kilometern windet sich die Route durch ein ausgewaschenes Flussbett. Gewaltige Löcher, groß genug, um einen Kleinwagen darin zu verstecken, lauern an einigen unübersichtlichen Stellen. Spuren gewaltiger Wassermassen. Wie es hier wohl aussieht, wenn es regnet und das trockene Flussbett sich in einen reißenden Strom verwandelt? Angesichts der Löcher wird mir klar, warum man auf der CSR keinesfalls im Dunkeln fahren sollte: Das wäre lebensgefährlich. Wer ohne Sicht in eine solche Vertiefung hineindonnert, braucht sich um den weiteren Verlauf seiner Fahrt keine Gedanken mehr zu machen.

Apropos Gedanke: Wo steckt Andreas?, durchzuckt

es mich. Ein Blick zurück: Niemand fährt hinter mir. Ich bin wohl schon seit geraumer Zeit solo unterwegs. Die BMW kommt zum Stehen. Ich kneife die Augen zusammen und suche die Umgebung ab. Nichts zu sehen. Und nichts zu hören. Was merkwürdig ist. Denn eigentlich müsste Andreas' Motorengeräusch zu vernehmen sein. Ich muss nachsehen, was los ist. Aber wie? Umdrehen geht an dieser Engstelle nicht. Dazu ist die Maschine viel zu schwer. Ein Umfaller beim Wenden würde das Aus bedeuten. Denn das voll beladene Motorrad kann ich alleine nicht aufheben. Also lasse ich die Maschine stehen und haste zu Fuß die Piste zurück. Eine Kurve, noch eine Kurve und noch eine Kurve. Kein Andreas zu sehen. Die Puste wird knapp, und ich muss erst einmal etwas langsamer machen. Mit Motorradkombi und Motocross-Stiefeln durch Sand und über Steine zu rennen ist anstrengender als ich dachte.

Endlich kann ich Andreas erkennen. So wie es aussieht, ist er wohlauf. Er fummelt an seinem Motorrad herum, das auf der Piste steht und komplett abgeladen ist. Wohl ein kleiner Ausrutscher. Es scheint nochmal alles gut gegangen zu sein. Erleichtert überlege ich, mit welchem lockeren Spruch ich ihn aufheitern könnte. Vielleicht »Schon wieder Pause?« Oder: »Keine Lust mehr?« Aber als ich näher komme, sehe ich, dass offensichtlich doch etwas passiert sein muss. »Ich habe eine Wurzel übersehen und bin abgeflogen«, erklärt Andreas die Situation. »Ein kompletter Koffer ist ab.« Jetzt erkenne auch ich die Bescherung. Der Koffer ist tatsächlich ab. Vollkommen aus der Verankerung gerissen. Das muss ein gewaltiger Schlag gewesen sein. Andreas hat wohl mächtig Glück gehabt. Ein paar Meter weiter, und er wäre in eines dieser tiefen Löcher hineingerauscht. Nicht auszudenken, was dann passiert wäre.

Wir begutachten den Alukoffer. An Wurzeln sind wir schon einige Male hängen geblieben. Ohne Sturz. Ohne Schäden. Doch diese Wurzel hat die gesamte Kunststoffhalterung des Koffers abgerissen. Alle vier Schrauben sind weg. So bekommen wir die Kiste auf keinen Fall mehr stabil ans Motorrad. Zunächst große Ratlosigkeit. Dann die Idee: Spanngurte! Wir fixieren die Kiste mit Spanngurten. Das müsste halten. Also raus mit den Dingern. Wir ziehen und zerren, biegen und drücken. Nach einer guten Stunde sitzt der Koffer. Mal sehen für wie lange.

Andreas' kapitaler Abflug hat uns wieder gerade gerückt. Uns die Grenzen unserer fahrerischen Möglichkeiten gezeigt. Wir waren die letzte Zeit einfach zu forsch, zu schnell gefahren. Dachten, wir würden das schwierige Fahren zwischen Felsbrocken und in versandeten Spurrillen perfekt beherrschen. Diese Einschätzung hat sich als leichtsinnig erwiesen. Entsprechend verhalten gehen wir die nächsten Kilometer an. Alle Antennen sind ausgefahren. Hinter jedem Grasbüschel vermuten wir Wurzeln oder Termitenhügel. Glücklicherweise wird die Piste bald breiter und übersichtlicher.

Eine Tafel weist den Weg von der Hauptpiste zur Calvert Range (23° 54' 42" Süd, 122° 26' 4" Ost). Eine Region, in der eine Vielzahl von Felszeichnungen der Aborigines sowie verschiedene ihrer rituellen Plätze zu finden sind. Das würde uns brennend interessieren, kommt jedoch leider nicht in Frage. Für diese geschichtliche Exkursion reicht unser Sprit nicht. Auf der Landkarte steht neben dieser Strecke ganz deutlich: »Fuel for an extra 100 km of sand driving required«. Ein Benzinvorrat für weitere 100 Kilometer Sandpiste wird empfohlen. Den wir nicht haben. Unser Sprit muss bis zum Capricorn Roadhouse Fuel Dump reichen. Und diese Tankstelle befindet sich in der Nähe von Well 23, also noch ziemlich weit weg. Deshalb lieber keine Experimente.

Gerade als ich wieder anfahre, bemerke ich einen mit rosa Bändern geschmückten Busch links der Piste. Und war da nicht etwas auf dem Weg, über das ich soeben gefahren bin? Ich steige voll in die Bremsen. Und tatsächlich: Hinter mir auf der Piste liegt etwas, das da nicht hingehört. Hölzer, von Menschenhand zurechtgelegt. Auch Andreas stoppt. Verwirrt umkreisen wir die seltsamen Zeichen, bis wir endlich begreifen: Da steht »Andy« mit Ästen und Stöckchen in den Sand gelegt. Auch ein Pfeil ist zu erkennen. Er weist auf den mit rosa Bändern geschmückten Busch links der Kreuzung. Dort flattert eine Plastiktüte. Andreas geht hinüber und untersucht Busch und Tüte. Plötzlich ruft er freudig erregt: »Eine Nachricht, eine Nachricht! Hier ist eine Nachricht drin!« Die Botschaft ist von Marilyn, Colin und Robert. Unglaublich, was diese Leute sich einfallen lassen. Sie sind zur Calvert Range gefahren und wollen sich dort die Malereien ansehen. Zwei Extratage haben sie dafür eingeplant. Wir sehen uns neidisch an. Mit einem Toyota 4WD und gefüllten Benzinkanistern auf dem

Dach ist ein solcher Abstecher kein Problem.

Beim Stichwort Dach kommt uns eine Idee: Wir könnten unsere inzwischen leeren Reservekanister eigentlich auch »auf dem Dach« unterbringen. Das heißt, sie bekommen ab sofort einen Platz hinten auf der Gepäckbrücke. Bis jetzt hingen sie unter den Alukoffern, wo sie viel Bodenfreiheit kosten. Wie viele Termitenhügel wir wohl damit schon in Bungalows verwandelt haben? Auch Andreas' Sturz wäre mit einer größeren Bodenfreiheit höchst wahrscheinlich zu verhindern gewesen. Also weg mit den Dingern und auf die Gepäckbrücke geschnallt. Zumindest bis zur nächsten Zapfstelle.

Östlich tauchen in einiger Entfernung die Durba Hills auf. An ihrer Nordseite liegt Durba Springs sowie Well 17 – das heutige Tagesziel. Es ist jedoch schon später Nachmittag. Wird die Zeit bis zum Brunnen reichen?

Zehn Kilometer weiter passieren wir Cannings Cairn. Einen Steinhaufen, der sich auf dem Durba Hills Plateau befindet. Ein herrlicher Ausblick tut sich auf. Sand und Dünen soweit das Auge reicht. Wir halten kurz an und genießen die bezaubernde Aussicht.

Zügig strebt die Sonne dem Horizont zu. Es wird jetzt wirklich Zeit, sich um ein Nachtlager zu kümmern. So viele geeignete Plätze werden auf diesem Abschnitt der CSR nicht mehr kommen. Das sagt zumindest die Landkarte. Geeignet heißt, ein freier Streifen Land ohne Büsche und Bäume links oder rechts der Piste. Gibt es den nicht, sind wir gezwungen, unser Zelt mitten auf dem Track aufzubauen. Nach Einbruch der Dunkelheit droht uns dort keine Gefahr mehr. Doch wenn am nächsten Morgen direkt nach Sonnenaufgang ein Frühaufsteher in seinem 4WD daher kommt, kann das brenzlig werden. Wenn so jemand noch nicht ganz wach ist, fährt er mal kurz unser Lager platt.

Allmählich schwinden meine Kräfte. Der Sand, die Felsen, die Büsche – das alles kostet Kraft. Für heute bin ich gut bedient. Andreas geht es ebenso. Er hat die Führung übernommen und quält sich außer Sichtweite einige Kurven vor mir durch den Sand.

Der Abzweig nach Durba Springs müsste bald auftauchen. Spätestens dort wird Andreas warten. Ganz sicher. Denn seit wir uns gleich zu Beginn einmal verloren, bleibt der jeweils Vorausfahrende wie angewurzelt stehen, sobald sich die Piste teilt oder der Weg nicht ganz eindeutig ist. Und richtig, da vorn steht Andreas. Direkt neben dem Wegweiser mit der Aufschrift »right 5 km Durba Springs« und »left CSR, Well 17«. Wir besprechen uns. Den Tag hier beenden oder weiter fahren bis Well 17? Auch Andreas hat für heute die Nase voll. Da fällt die Entscheidung leicht: Die fünf Kilometer in die Sackgasse nach Durba Springs werden für heute die letzten sein.

Der Gedanke, die kommende Nacht auf einer grünen Wiese in einem einsamen Tal zu verbringen, ist verlockend. Nicht nur wir, sondern auch die Motorräder benötigen dringend eine Pause. Fünf Kilometer bis Durba Springs. Doch die ziehen sich. Büsche rechts und links des Wegs, tiefe Spurrillen und weicher Sand verlangen noch einmal die gesamte Konzentration. Bloß nicht stürzen. Die Maschine mit all dem Gepäck alleine aufzuheben? Nach diesem Tag unmöglich. Und bis Andreas mein Fehlen bemerkt und umdreht, vergeht wertvolle Tageslichtzeit. Aber es klappt. Nach verschiedenen heiklen Kurven und zwei, drei trockenen Flussbetten tauchen beidseits der Piste hohe Felsen auf: Der Eingang zum Talkessel.

Durba Springs kommt uns nach den Tagen im kargen Outback vor wie eine Märchenlandschaft. Das Tal glänzt in sattem Grün, überall stehen Bäume, es gibt sogar Rasenflächen. Flüssigkeit spenden die zahlreichen »Billabongs«, wie die Australier die Wasserlöcher nennen. Ein Paradies. Nur einsam ist es hier nicht. Mindestens dreizehn Geländewagen, in kleinen Gruppen zusammengestellt, parken im Tal verteilt. Damit haben wir nicht gerechnet. Der Gedanke, die inzwischen lieb gewonnene Einsamkeit des Outbacks gegen Lagerfeuerromantik einzutauschen widerstrebt uns. Aber uns bleibt keine Wahl. Wir müssen hier anhalten.

Unsere Befürchtungen bestätigen sich glücklicherweise nicht. Die Leute empfangen uns freundlich, höflich und zurückhaltend. Sie staunen nicht schlecht, hier zwei Motorradfahrer anzutreffen. Für sie ist es schon ein Abenteuer, mit ihren 4WDs die CSR zu bewältigen. Aber auf einem Motorrad? Ihre Gesichter spiegeln Bewunderung wider. Oder ist es Mitleid? Mir egal. Meine Laune ist mit dem Erreichen dieser Oase gewaltig gestiegen. Ein herrliches Gefühl von Wohlempfinden und Stolz überkommt mich. Wir sind also mit dem Motorrad bis hierher gekommen. Großartig!

Nach den ersten kurzen Smalltalks fällt mir die linke

Alukiste von Andreas' BMW wieder ein. Die abgerissenen Halterungen müssen neu am Koffer fixiert werden. Ob wir das mit unseren Bordmitteln hinbekommen? Ersatzschrauben haben wir zwar im Gepäck, aber einige Bohrungen passen nicht mehr, da alles komplett verbogen ist. Wir brauchen eine Bohrmaschine, das steht fest. Andreas ist zum selben Schluss gekommen, denn ich sehe ihn gerade noch in der Tag-Along-Reisegruppe verschwinden, die mit ihren Autos etwa 50 Meter weiter steht.

»Tag Along« ist eine Reiseform, von der ich bislang nur in Australien gehört habe. Man benutzt sein eigenes Fahrzeug und fährt damit einem Tourguide nach. Der organisiert alles, nur fahren muss man selbst. Hat sicher seine Vorteile, käme aber für uns beide nicht in Frage. Im Handumdrehen ist Andreas wieder da. Einen Typen im Schlepptau, den er mir als Mike vorstellt. Mike ist der Tourguide der Tag-Along-Gruppe. »Hi Mate. Try this«, begrüßt er mich und überreicht mir mit einer für uns Europäer ungewohnten Selbstverständlichkeit eine Akkubohrmaschine. Was für eine Hilfsbereitschaft!

Die acht Löcher in den Halterungen und der Kofferrückwand sind schnell gebohrt. Auch passende Schrauben finden sich. Während ich mit den Reparaturarbeiten beschäftigt bin, wird der Kreis der Zuschauer immer größer. Jeder hat natürlich einen guten Rat oder einen schlauen Spruch parat. Andreas hat sich etwas abgesetzt und fotografiert die Szene. Eine knappe Stunde später sind die Instandsetzungsarbeiten beendet, der Koffer sitzt wieder bombenfest. Dank einer Akkubohrmaschine und vieler Tipps.

40 Meter weiter in der anderen Richtung stehen unter zwei großen Bäumen zwei Geländewagen, die ich erst jetzt bemerke. »Tea is ready, come over!«, tönt es zu uns herüber. Sorry, kennen wir uns? Aber natürlich. Jetzt fällt es mir wieder ein. Tommy, Tracy, Jenny und Steve. Sie sind schon seit zwei Tagen hier und genießen die friedliche Atmosphäre. Wir trafen die vier vor ein paar Tagen. Andreas und ich waren gerade dabei, Wasser aus einem Brunnen zu fördern und unsere Wassersäcke zu füllen, als sie, umhüllt von einer gewaltigen roten Staubwolke, kurz anhielten. Ein paar Sätze fielen, und schon waren sie wieder weg. Dass wir sie jetzt erneut treffen, ist kaum zu glauben, aber typisch für die Canning Stock Route.

Längst hat die Dämmerung eingesetzt, und wir sind von Lagerfeuern umgeben. Jede Gruppe hat ihr eigenes Feuer entfacht. Als energie- und umweltbewusster Mitteleuropäer denke ich sofort an Holzverschwendung. »Weißt du«, meint Andreas, »die Australier nehmen das mit dem Holz nicht so genau. Sie wollen einfach ihre Ruhe haben. Deshalb ist ihnen ein eigenes Feuer wichtiger als Sparsamkeit, Umweltschutz oder Ähnliches. Muss man eben verstehen.« So ganz überzeugen kann er mich nicht. Wenigstens wir müssen heute kein Feuer machen, denn unsere vier neuen Freunde haben ihres schon am Brennen. »Dass ihr es tatsächlich bis hierher geschafft habt …« Sie können es kaum glauben. Tracy reicht jedem von uns eine Dose kühles Bier. Ich glaube, ich bin im Himmel. Nach Tagen voller Milchpulver und dünnem Tee ein richtiges Bier. Und auch noch kalt.

Vor der Nachtruhe packt Andreas das Satellitentelefon aus. Wir müssen uns mal wieder bei den Jungs von Touratech melden. Herbert Schwarz ist dran. In regelmäßigen Abständen geben wir einen kurzen Bericht über unsere Verfassung, unsere Stimmung und mögliche Vorkommnisse durch. Zusätzlich wird per Antenne, die an meiner Maschine montiert ist, unsere Position direkt auf einer Landkarte auf der Touratech-Homepage angezeigt. Dieser Einsatz ist eine realistische Bewährungsprobe für das von Touratech entwickelte Satelliten-Trackingsystem (s. S. 69).

Nicht nur Herbert ist beruhigt, wenn er uns ab und zu am Hörer hat. Auch uns gefällt es, dass sich zu Hause jemand Gedanken um unser Wohlergehen macht. Ist irgendwie menschlich. Heute klingt Herberts Stimme besorgt. »Ihr seid fünf Kilometer von der Piste abgekommen. Sofort zurück und nördlich orientieren.« Andreas erklärt ihm lachend den Grund für den Umweg. »Es ist alles in Ordnung. Wir werden auch noch morgen in Durba Springs bleiben. Erst übermorgen wird dein System wieder Bewegung bei uns melden. Bis dahin gute Nacht.«

Kapitel 6 – J. Becker

Unser grünes Paradies

»Von der tödlichen Trockenheit der Wüste trennen uns kaum mehr als 100 Meter.«

Ungewohnte Hitze treibt uns am nächsten Tag aus dem Zelt. Kein Wunder: Die Sonne steht bereits knapp vor dem Zenit. Aber hallo – so lange haben wir während der gesamten Reise noch nicht geschlafen. Nicht einmal direkt nach unserer Ankunft in Fremantle. Dort hatten wir uns im »Sundancer«, einem Backpacker, einquartiert, um uns vom langen Flug zu erholen. Backpacker sind eine Art Mischung aus Jugendherberge und Gästehaus. Die ideale Unterkunft, wenn man günstig wohnen und Menschen kennen lernen möchte. Der Gast kann zwischen Einzelzimmer und Großgruppenraum wählen, je nach Belieben und Geldbeutel.

Andreas und ich hatten ein Zimmer für uns alleine genommen. So war es uns möglich, die wertvolle Foto- und Filmausrüstung sicher wegzuschließen. Ich konnte mich außerdem allmählich an die Schallwellen von Andreas' Schnarcherei gewöhnen. Was er jede Nacht zusammensägt, ist unbeschreiblich. Die Berufsgenossenschaft für gesundes Schlafen hätte mit Sicherheit einen Gehörschutz vorgeschrieben.

In Durba Springs herrscht im Augenblick hektisches Treiben. Aufbruchstimmung. Egal ob Tag Along oder nicht – alle wollen los. Die meisten Zelte sind abgebaut, die Autos wieder bis unters Dach beladen. Tische, Stühle, Kühlboxen und unzählige andere Dinge verschwinden in den Geländewagen. Sogar eine Campingdusche können wir ausmachen. Im Grunde handelt es sich mehr um ein ganzes Duschzelt, was da gerade abgebaut wird. Unfassbar! Ein Zelt, so groß wie eine Duschkabine. Dazu ein separater Wassertank.

Kurz werde ich blass vor Neid. So viel Luxus. Und das hier im Outback. Hätte ich auch gerne. Doch alleine der Gedanke ist schon vollkommen abwegig, denn die maximale Zuladung unserer Motorräder ist bereits jetzt weit überschritten. Egal ob Kühlbox oder Duschzelt – diese ganzen Luxusgüter könnten wir unmöglich transportieren.

Die letzten Geländewagen brechen auf, um das Abenteuer auf der Canning Stock Route zu suchen. Wir genießen die einkehrende Ruhe und haben das Durba Valley nun ganz für uns allein. Nur einige Eisvögel, »Kookaburras« genannt, treiben in den Schatten spendenden weißen Eukalyptusbäumen ihr Unwesen.

Außer seiner Stille und Abgeschiedenheit bietet unser grünes Paradies im Augenblick einen weiteren Vorzug: Eine Toilette. Die einzige im Umkreis von 1.000 Kilometern. Weshalb gerade hier? Weil Durba Springs in den letzten Jahren zu einem so beliebten und viel besuchten Ort wurde, dass »The Landrover Owner Club of Western Australia (Inc.)« 1998 ein Klo errichtete. Ob dem Reisenden eine Portion Zivilisation zu schenken oder die Natur vor seinen Hinterlassenschaften zu schützen, sei dahingestellt. Mittlerweile dienen die zwei Kabinen des »Örtchens« nicht nur dem einen, ursprünglichen Zweck. Es ist inzwischen auch ein Informationszentrum in Sachen Dünen fahren. Während ihrer Sitzungen schrieben pfiffige Sandexperten eine genaue Anleitung an die Wand. Zum Beispiel in welchem Gang man fahren soll, wie hoch der Reifenluftdruck sein muss, welche Geschwindigkeit die richtige ist, und so weiter. Im Prinzip alles, was es in den Dünen der Canning Stock zu beachten gilt. Auch Andreas wird sich heute Morgen das Sand-Lehrbuch zu Gemüte führen. Mit seinem Standardspruch: »Der ewige Kreislauf. Kaum ist das Frühstück drin, da will das Abendessen wieder raus«, verschwindet er in Richtung Klo.

Den Rest des späten Vormittages widmen wir unseren Motorrädern: Luftfilter tauschen, Ketten spannen, allgemeine Wartungsarbeiten. Außerdem müssen die Benzinkanister geflickt werden. Der ständige Kontakt mit Termitenhügeln und der Botanik links und rechts der Strecke hat Spuren hinterlassen: Drei von vier Kanistern bekamen nicht erwünschte Öffnungen. Mit einer Mischung aus Reifenflickzeug, Sekundenkleber und einem alles abschließenden Überzug aus Zweikomponentenkleber versuchen wir der Löcher Herr zu werden. Die Methode scheint zu funktionieren. Zumindest hält sie einer Probefüllung mit Wasser stand. Ob die Klebermischung auch gegen Benzin resistent ist? Wir sind skeptisch. Am »Fuel Dump«, dem Treibstoffdepot nahe Well 23 werden wir es erfahren.

Als die technischen Arbeiten erledigt sind, werden wir unternehmungslustig. Von einem der Australier erfuhr Andreas, dass es am anderen Ende des Tales Felsmalereien gebe. Das hört sich viel versprechend an. Also los. Natürlich zu Fuß. Und gleich gibt es Geschrei: Papageien in den buntesten Farben flüchten vor uns unter lautstarkem Gezeter in die Gipfel der Eukalyptusbäume. Nicht nur für die Menschen, auch für die Tiere ist das Durba Valley mit seinen vielen kleinen und großen Wasserlöchern, Eukalyptusbäumen und Buschreihen zu einem Paradies in der Wüste geworden. Schnell vergisst man, dass man eigentlich mitten in der Little Sandy Desert spazieren geht. So ganz anders ist die Welt in dieser gewaltigen begrünten Felsspalte, die das Tal formt. Dabei ist sie nur ein winziger fruchtbarer Fleck im Zentrum des roten Kontinents. Von der tödlichen Trockenheit der Wüste trennen uns kaum mehr als 100 Meter.

Der anfangs sandige Untergrund weicht einem Kiesboden, und daraus werden schließlich große, teils mehrere Meter hohe Felsbrocken. Wir sind am Ende des Tales angelangt. Doch von Felsmalereien keine Spur. Übergroße Findlinge schließen die Sackgasse vor uns ab. Vermutlich Relikte eines Erdrutsches. »Vielleicht finden wir die Malereien dort oben«, sagt Andreas, erklimmt den ersten großen Brocken und nimmt den nächst höheren ins Visier. Flink wie einer dieser Gamsböcke, die ich bei meinem letzten Urlaub in den Alpen beobachten konnte. Dann muss ich wohl auch da hoch. Ganz so elegant wie bei den Alpengemsen sieht es bei uns zwar nicht aus, beim Tempo hingegen können wir locker mithalten.

Oben angekommen, stellen wir fest, dass sich die Kletterei gelohnt hat. Terrassenförmig liegen mehrere Billabongs vor uns. Ein herrliches Plätzchen zum Baden. Nur wenige Meter weiter blicken wir in die Weite der Little Sandy Desert. Ergreifend. Uns wird ganz warm ums Herz. Als wären wir soeben aus einer anderen, versunkenen Welt emporgestiegen. Die Sonne geht gerade unter. Ihre rote Kugel liegt exakt auf der Linie, die Erde und Himmel voneinander trennt. Ein feuriges Rot überzieht das Land, der Himmel glüht. Schließlich finden wir auch die Felsmalereien. Unter einem Felsüberhang versteckt und wunderschön anzusehen.

Jetzt aber nichts wie zurück. Denn wenn es hier oben schon dämmert, ist die Dunkelheit unten im Durba Valley nicht mehr weit. Ohne Sicht die Steinklötze hinabklettern – das könnte gefährlich werden. Wir geben Gas und erreichen den Talboden gerade noch, bevor er von völliger Dunkelheit verschlungen wird.

Fast ohne Sicht tasten wir uns weiter. Plötzlich erklingen Stimmen aus der Richtung, in der unser Lagerplatz liegt. Wer kann das sein? Noch ist nichts zu sehen. Doch schon Minuten später erkennen wir Gestalten an unseren Motorrädern. Vermutlich andere Canning-Stock-Reisende. Eine Tag-Along-Gruppe vielleicht. Mit der Ruhe ist es in »unserem grünen Paradies« jedenfalls vorbei.

Es sind Marilyn, Colin und Robert, die uns mit lautem Hallo empfangen. Mit ihnen haben wir absolut nicht gerechnet. Wollten sie nicht einige Tage in der Calvert Range verbringen? Ursprünglich ja. Doch hatten sie ihre Planung kurzfristig geändert und trafen vor zwei Stunden in Durba Springs ein. Sie haben Bruce mitgebracht. Und Bruce ist ein Kenner der Canning Stock Route. Schnell ist ein Lagerfeuer entfacht, und ein langer Abend voller Outback-Geschichten beginnt.

Die Calvert Range, so erzählen die vier, liegt am Ende einer rund 40 Kilometer langen Sackgasse. Sie fanden dort Kultplätze der Aborigines und viele Felsenzeichnungen. Bei 23° 57' 49" Süd, 122° 43' 26" Ost trafen sie außerdem einen perfekten Platz zum Campen an. Das klingt spannend. Wie gerne hätten auch wir diesen Abstecher gemacht. Doch wären wir durch diesen ungeplanten Mehrverbrauch an Sprit mit Sicherheit vor Erreichen des Treibstoffdepots liegen geblieben. Dann doch lieber auf Nummer sicher gehen.

Die Nacht wird kurz, dennoch sind die BMWs am nächsten Morgen schnell beladen. Die Motoren laufen bereits, als uns Bruce noch einmal zurückruft. Er möchte uns gerne einige Tipps mit auf die Piste geben. Seine monströse Landkarte nimmt die komplette Motorhaube seines Toyotas in Anspruch. Diese Karte versetzt uns in Staunen: Koordinaten sind auf ihr eingetragen, alle wichtigen Details sauber herausgearbeitet und deutlich zu erkennen. Andreas und ich schauen uns an. Warum haben wir kein solches Prachtexemplar dabei?

Während der Vorbereitungen in Deutschland hatten wir diverse Buchläden durchstöbert und auch das Internet abgegrast. Vergebens. Selbst der ADAC konnte mit der Canning Stock Route nichts anfangen. Und nun, hier mitten im Nichts, liegt sie auf der Motorhaube – die absolut genaue Karte. Uns bleibt nur ein ungläubiges Kopfschütteln.

Bruce schenkt uns gleich ordentlich ein. »After Well 23 that's really serious stuff«, meint er. Soll heißen, ab Brunnen 23 zeigt die CSR ihr wahres Gesicht. Dann kommen die wirklich hohen Dünen und der wirklich weiche Sand. Das kann ja heiter werden. Auch seine Ausführungen über die schwierige Durchquerung des salzigen Savoy Creek machen uns nicht zuversichtlicher.

»Jörg«, denke ich bei mir, »was zum Teufel machst du hier eigentlich?« Meine gesamten Ersparnisse stehen in Form einer BMW F 650 vor mir. Die sieht nach den zurückliegenden Sandschlachten ziemlich mitgenommen aus. Und nun bahnt sich auch noch die Durchquerung eines Salzwasserflusses an. Großartig. Spätestens nach der von Bruce angekündigten Furt muss ich »gut gebraucht« völlig neu definieren. Aber ich habe es ja nicht anders gewollt

Das »Good luck«, mit dem uns Bruce verabschiedet, klingt mir noch einige Minuten im Ohr. Dann richtet sich meine volle Konzentration wieder auf die Piste, die uns geradewegs hinaus in die Weite des großen Nichts, der australischen Wüste führt.

Dichtes Gebüsch rechts und links des Weges formt diesen zu einer schmalen Gasse. Kurvenreich sucht sich die Canning ihren Weg über den sandigen Untergrund. Immer wieder komme ich ins Straucheln, drohe zu stürzen. Das Prozedere beim Anfahren ist stets dasselbe: Gefühlvoll im ersten Gang beschleunigen, auf Drehzahl kommen, dann in den zweiten schalten. Ab 20 km/h stabilisiert sich die Fuhre. Erst jetzt kann man von kontrolliertem Fahren reden. Gräser und Zweige streifen das Motorrad und überziehen es mit einem dicken, klebrigen Sud aus dem Saft der Blätter.

Im Augenblick stehen gut 30 Stundenkilometer an. Mit entsprechender Voraussicht gelingt es mir ganz passabel, das Bike an Büschen und Termitenhügeln vorbeizubalancieren. Die Canning schult das Fahrkönnen. Erfahrung kommt schließlich von fahren. Wir kommen in der Tat mit jedem Tag besser zurecht. Ich werde mutig und drehe forscher am Gas. Eine rote Staubwolke hinterlassend, pflügt der grobstollige Hinterreifen durch den butterweichen Sand. Eben konnte ich noch den Scheinwerfer von Andreas' Maschine im Spiegel ausmachen. Nun sehe ich nur noch roten Staub. Na also, klappt doch. Je flotter ich unterwegs bin, desto besser lassen sich Sand und Buschwerk austricksen. Soll ich tollkühn in den dritten Gang beschleunigen?

War wahrscheinlich der falsche Gedanke. Denn plötzlich trennt sich die BMW von mir. Mit einem gewaltigen Ruck wirft sie mich ab. Sechs, sieben Meter nehme ich im Flug, bevor ich unsanft auf einem Sandhaufen lande. Das Motorrad hat sich beleidigt in die gegenüberliegenden Büsche zurückgezogen. Langsam legt sich der rote Staub. Auf der Piste erkenne ich die rechte der beiden Zega-Boxen. Dann taucht die Silhouette von Andreas auf. »Mit dir alles in Ordnung?«

Gute Frage. Ich habe nicht die geringste Ahnung, was mich da soeben vom Motorrad gehauen hat. Mein Schädel brummt, alles um mich herum ist wie in Watte verpackt. Vorsichtig bewege ich meine Gliedmaßen. Alles funktioniert, nichts kaputt. Das ist das Wichtigste: Auf der Canning ja nicht verletzt liegen bleiben.

Es dauert einige Minuten, bis ich wieder einigermaßen klar bin. Dann begutachten wir den Schauplatz des Ereignisses. Aha, eine armdicke Wurzel versteckt sich im Mulgagras am rechten Pistenrand. Die muss ich übersehen haben. Wie die Lanze eines Ritters hat sie mich aus dem Sattel gehoben und die Alubox zerlegt. Und zwar gründlich. Ich bin erstaunt, aus wie vielen Teilen eine solche Kiste besteht.

Der Sturz hat mich aus dem Gleichgewicht gebracht. Körperlich und seelisch. Ich bin deprimiert. Die Box ist völlig hinüber. Wie sollen wir die wieder hinbekommen? Ohne Nieten und Hammer? Wie soll das überhaupt hier weitergehen? Diesmal ist es Andreas, der ruhig und gelassen bleibt. »Ist doch nur die Kiste. Sei froh, dass dir nichts passiert ist. Wir nehmen Spanngurte. Die haben schon meinen kaputten Koffer zusammengehalten, die werden bestimmt auch diesen Trümmerhaufen retten«, muntert er mich auf. Wäre das schön. Und tatsächlich, es klappt. Drei Gurte. Zwei quer, einer längs. Passt.

Den restlichen Morgen fahre ich bewusst defensiv. Langsam und vorsichtig. Der Abflug sitzt mir in den Knochen, der Schreck tiefer als erwartet. Andreas fährt vor. Die Canning Stock Route hat mir ihre Zähne gezeigt und mich Demut gelehrt. Mich auf meine Grenzen hingewiesen und im wahrsten Sinne des Wortes wieder auf den Boden der Tatsachen gebracht. Nach ein paar Tagen Sandpiste glaubte ich, ich wäre der Überflieger. Pustekuchen.

Die Canning Stock gibt sich wohl mit dieser Lektion zufrieden, denn auf den nächsten Kilometern ist sie wieder freundlich zu mir. Die Dünen bereiten keine wirklichen Probleme, jeder erklommene Kamm steigert meine Zuversicht. Insgesamt 28 Sandberge warten auf der Strecke bis Georgia Bore, unserem heutigen Tagesziel. Das müssten wir schaffen. Mein Optimismus und die gute Laune kehren zurück. Der Sturz gerät zunehmend in Vergessenheit. Sogar die langen »Run ups«, die von den Geländewagen verursachten tiefen Spurrillen vor jeder Düne, gehen heute mühelos von der Hand.

Irgendwann steht eine zerschundene Blechtafel vor uns: »Well 18 – 1 km«. Das hat ja bestens geklappt. Am Brunnen halten wir an. Bis jetzt dürfen wir sehr zufrieden sein: 34 sturzfreie Kilometer in nur zwei Stunden. Während ich zwei Müsliriegel aus dem Inneren des Zega-Wracks krame, macht sich Andreas am Brunnen zu schaffen.

Laut Reiseführer war Well 18 (23° 33’ 48” Süd, 122° 13’ 44” Ost) einst gute 18 Meter tief und lieferte 9.100 bis 12.000 Liter Wasser pro Stunde. Dann erging es dem Brunnen wie den meisten seiner Kollegen: Er versandete. 1983 nahmen die Aborigines aus Jigalong Gespräche mit den freiwilligen Restaurateuren vom Well 26 auf. Sie sollten doch bitteschön auch Well 18 wieder flott machen. Es vergingen zwar noch 16 Jahre, bis man schließlich auch an Brunnen 18 Hand anlegte, doch jetzt fördert er wieder wie in alten Zeiten bestes Wasser.

Andreas ruft mir etwas zu. Er hat inzwischen den Deckel, den jeder restaurierte Brunnen besitzt, geöffnet. »Komm her. Das musst du dir ansehen. Und pass auf, wo du hintrittst. Hier gibt es bestimmt Schlangen.« Vorsichtig nähere ich mich dem Brunnen. Was ich sehe, kann ich kaum glauben: Der komplette mit Balken ausgekleidete Brunnenschacht hängt voll mit Fröschen. Hunderte von kleinen weißen Fröschen starren uns mit ihren dunklen Knopfaugen an, als wollten sie sagen: »Jungs, macht das Licht wieder aus!« Sie kleben an den Brunnenwänden, in den Ritzen zwischen den Balken, einige schwimmen im Wasser.

Auch wenn dieses Wasser von bester Qualität sein soll – ich würde davon nur im äußersten Notfall trinken. Andreas ist derselben Meinung. Das sieht alles andere als appetitlich aus. »Kermit-Well«, wie wir diesen Brunnen kurz entschlossen taufen, ist nicht die Trinkwasserquelle unserer Wahl. Eher schon ein Feuchtbiotop, ein Paradies für Amphibien und anderes Getier. Das Auffüllen der Wasservorräte wird also bis Georgia Bore verschoben. Jeder von uns hat noch sechs bis sieben Liter Trinkwasser. Verteilt auf die Wassersäcke auf den Aluboxen und die kleinen Camelbags, die Trinkrucksäcke, von denen jeder einen auf dem Rücken trägt. Das muss reichen.

Grenzenlose Weite: Gänsehaut-Feeling im grandiosen Outback.

Völlig ausgepowert schlagen wir unser Lager direkt am Rand der Piste auf.

Kulinarische Herausforderung: Fertignahrung für drei Wochen.

Erst das Motorrad, dann der Mensch: Die abendliche Kontrolle der Reserve-Benzinkanister

Kaum zu glauben: Rankins Trolley sollte zu Fuß durch die Wüste gezogen werden.

Wer vom Gas geht, verliert: Zu wenig Schwung in der Dünenauffahrt.

Abends wird das Lagerfeuer zum Mittelpunkt des Lebens.

Erfahrungsaustausch mit Colin, Marilyn, Robert und Bruce in Durba Springs.

Wenige Brunnen wurden renoviert und liefern uns das dringend benötigte Trinkwasser.

200 Dollar für ein Fass Benzin: Das Treibstoffdepot an Well 23.

Die Wüste lebt: Dichtes Buschwerk wirft uns immer wieder aus dem Sattel.

Kunawarritji Community: Die einzige Zapfsäule auf der Canning Stock Route.

Der Shop von Kunawarritji, der lang ersehnte Gourmettempel in der Wüste.

Kapitel 7 – J. Becker

See der Enttäuschung

»Diese Brühe ist eine hoch konzentrierte Salzlauge. In hohem Bogen spucke ich sie aus.«

Von Kermit-Well 18 bis Well 19 gibt die Landkarte 27 Kilometer an. 27 Kilometer hören sich nicht besonders lang an. Doch haben wir in den letzten Tagen dazugelernt. Was in der Regel haargenau stimmt, sind die Kilometerangaben unserer Karte. Über den Zeitbedarf jedoch sagt das gute Stück absolut nichts aus. Wir wissen inzwischen, dass man für 27 Kilometer auch schon mal drei Stunden benötigen kann. So sind wir also äußerst gespannt, wie es diesmal ausgehen wird.

Schnell hat uns der Sand wieder. Von den Autos tief aufgewühlt, macht er uns wie so oft ziemlich zu schaffen. Das Zeug ist so fein wie Puderzucker. Wir quälen die Motorräder von einem Dünenkamm zum nächsten. Erster Gang, anfahren, schnell in den zweiten Gang schalten. Für ein paar Meter das Gefühl von 20 km/h empfinden. Hohe Drehzahl, der zweite Gang schreit nach dem dritten, doch die Spurrille erstickt jeden Versuch im Keim. Zwingt mich sogar zurück in den ersten Gang. Die Plackerei nimmt kein Ende. Hinzu kommt die Tageshitze der Wüste. Das Wasser auf meinem Rücken hat inzwischen die Temperatur von Badewasser. Ich trinke es mehr aus Vernunft als der Erfrischung wegen. Jetzt wäre die Begegnung mit einem Geländewagen eine feine Sache. Ein Geländewagen bedeutet 12-Volt-Kühlboxen und Kaltgetränke. Doch weit und breit sind keine Allradfahrzeuge zu sehen. Es bleibt beim Wunsch. Abkühlung bringt lediglich ein leichter Luftzug, der durch das Outback zieht. Bilder eines glitzernden Swimmingpools mit kaltem, klarem Wasser geistern durch meinen Kopf.

Das Thema Abkühlung und Wasser scheint auch Andreas zu beschäftigen: »Ist das hier nicht klasse?«, ruft er beim nächsten Stopp freudig. »Soviel Strand für uns allein. Nur das Wasser haben die Aussies vergessen. Und erst die Aussicht!« Zweifelnd schaue ich ihn an. Wieso hat der Mensch so unbeschreiblich gute Laune? Ist ihm die Hitze zu Kopf gestiegen? Mit dem Finger deutet er nach vorn und sagt: »Schau mal, dort kann man schon die große Enttäuschung erkennen.« Er freut sich also auf eine Enttäuschung. Hat er jetzt völlig den Verstand verloren?

Dann kapiere ich was er meint: Wir stehen auf dem Gipfel einer Düne und haben den berühmten Lake Disappointment vor Augen. Im Hintergrund Diebil Hills, Durba Hills und McKay Range. In der Tat eine prächtige Aussicht. Mein Kopf, voller Gedanken um Abkühlung und Wasser, hat sie überhaupt nicht wahrgenommen. Ein gigantischer Salzsee, eine Salzwüste in der Wüste, breitet sich vor uns aus.

Ob Frank Hann 1897 dieselbe Freude empfand wie wir heute? Vermutlich nicht. Hann war Abenteurer und auf der Suche nach einem großen Inlandsee. Er glaubte wie viele andere Menschen jener Zeit an ein mächtiges Binnengewässer irgendwo in der Wüste. Einige Expeditionen schleppten deshalb sogar Boote mit, verzurrt auf dem Rücken von Kamelen. Man war sich damals völlig sicher: Es musste irgendwo im Inneren des roten Kontinentes Wasser geben. Frank Hann war jedenfalls beim Anblick dieses enormen Salzsees auf das Tiefste enttäuscht. So enttäuscht, dass er dem Salzsee seinen bis heute gültigen Namen gab: Lake Disappointment, See der Enttäuschung.

Als Hann damals den Salzsee entdeckte, war dieser den Aborigines schon lange bekannt. Sie siedelten an seinem Ufer und nannten ihn »Gumbubindil«. Erst 1965 zogen die letzten von hier fort. In Siedlungen wie Jigalong versuchten sie ein neues Zuhause zu finden. Gelungen ist es bisher nur wenigen.

Die Erkundung des Lake Disappointment verlegen wir auf später. Wir folgen zunächst weiter der Canning Stock Route. Die führt nun stellenweise durch regelrechte kleine Wälder. Es sind so genannte Wüstenkasuarien, die jetzt immer öfter links und rechts der Piste stehen. Auch der Untergrund verändert sich mit jedem gefahrenen Meter. Aus Sand wird Morast. Einige der Lehmpfannen, durch die wir uns wühlen, sind ausgetrocknet, der große Rest jedoch ist mit Wasser gefüllt und sehr matschig. Bei 23° 25' 38" Süd, 122° 29' 21" Ost stoßen wir auf die kläglichen Überreste von Well 19. Einst »Lonely Well« genannt und für eine erstklassige Wasserqualität bekannt, ist der Brunnen heute eine Ruine. Total versandet. Nur die hölzernen Überreste erinnern an die damalige Wasserstelle. Wer hier heute Wasser entnehmen will, sollte eine Schaufel mitbringen und sich auf mehrtägige Erdarbeiten einstellen.

Inzwischen hat sich der Himmel etwas zugezogen. Wolken verdecken die Sonne. Wir bemerken das erst, als die Temperaturen deutlich sinken. Es wird doch keinen Regen geben? Könnte durchaus sein. Denn die Wüste kam mir bis hierher immer wieder bemerkenswert grün vor. In der roten sandigen Weite sowie an den Rändern der Lehmpfannen standen immer wieder Bäume und Büsche. Einige der Pflanzen blühten sogar. Und während ich noch überlege, wie diese Pflanzen wohl an Wasser kommen, fallen die ersten Regentropfen. Regen – mitten in der Little Sandy Desert. Ich bin sprachlos. Mit Hitze und Schweiß ist es jetzt zumindest vorbei. Außerdem staubt es nicht mehr so.

Savoy Creek heißt die einige Kilometer später vor uns fließende Herausforderung. Ein richtiger Fluss mitten in der Wüste. Andreas hat seine BMW bereits abgestellt und steht vorne am Wasser. Jetzt sind wir Bruce dankbar, der uns in Durba Springs genauestens instruierte: Es gebe bei 23° 20' 35" Süd, 122° 38' 28" Ost eine Furt, die an jedem Ufer mit jeweils zwei Stöckchen gekennzeichnet sei. An dieser Stelle sei der Fluss durchquerbar. Soweit die Angaben von Bruce. Sie klingen mir noch deutlich in den Ohren.

Zunächst verschaffen wir uns einen Überblick. Punkt eins: Das Wasser fließt viel schneller als erwartet. Punkt zwei: Die Stelle, die als Furt gekennzeichnet ist, sieht nicht besonders flach aus. Was würde Bruce jetzt sagen? Das Ganze macht eigentlich einen ziemlich harmlosen Eindruck. Die Wasseroberfläche schimmert rosa, Wasservögel schwimmen auf ihr. Sie scheinen sich pudelwohl zu fühlen. Ich koste das Wasser – abscheulich! Diese Brühe ist eine hoch konzentrierte Salzlauge. In hohem Bogen spucke ich sie aus. Und darin soll ich nun mein Motorrad baden. Hmmm ... Aber eine Brücke gibt es nicht, und extra für uns wird wohl niemand eine bauen. Also müssen wir die Tauchfahrt wagen.

Andreas macht den Anfang. Sprungbereit bleibe ich am Ufer stehen, um ihm im Falle eines Sturzes sofort zu Hilfe kommen zu können. Eine Minute später Entwarnung – Andreas erreicht sicher die andere Seite. »Kurz vor dem Ufer ist es hier noch einmal ziemlich tief«, ruft er mir zu. »Sei vorsichtig!« Wenigstens weiß ich jetzt, was mich erwartet. Also langsam rein in die Salzbrühe und behutsam Gas geben. Läuft wie am Schnürchen. Dann die angekündigte Vertiefung. Der Schweiß bricht mir aus. Für bange Sekunden habe ich das Gefühl, die ganze Fuhre zu versenken. Doch auf einmal greift der Hinterreifen wieder und drückt Mann und Maschine die Uferböschung hinauf. Endlich wieder festen Boden unter den Füßen.

Der Regen wird nun stärker. Große Tropfen prasseln

auf uns herab. Einerseits erfreulich, denn der Regen wäscht das Salz von den Maschinen. Andererseits sind wir nach kaum zehn Minuten nass bis auf die Unterwäsche. Und das inmitten der australischen Wüste. Mir fehlen die Worte.

Für ein kurzes Stück verläuft die Canning parallel zum See, der an dieser Stelle vom Savoy Creek gespeist wird. Die Landschaft erinnert mich irgendwie an die sibirische Tundra. Karg und flach. Hunderte von Wasservögeln schwimmen auf dem See oder sitzen am Ufer. Ihr Geschrei ist schon von weitem zu hören. Ich frage mich, wie sie es in der scharfen Lauge des Savoy Creek aushalten. Mutter Natur hat sie wohl entsprechend ausgestattet. Das steht fest. Denn dort, wo wir Menschen uns massive Hautschäden zuziehen würden, fühlen sie sich pudelwohl.

Mit jedem Meter, der uns wieder vom Savoy Creek wegbringt, wird der Lake Disappointment trockener. Bald ist vom Wasser nichts mehr zu erkennen. Zwar gelangen wir immer wieder nahe ans Ufer, doch das rot schimmernde Wasser ist inzwischen einer dicken Salzkruste gewichen.

Diese helle, überwiegend weiße Oberfläche sieht sehr einladend aus. Glatt und ohne Dünen. Darauf könnte man endlich mal wieder richtig am Gas drehen. Sogar die Idee, hier eine Landebahn und eine Art Flughafen zu errichten, kam irgendwann auf. Die Realität verhält sich leider ganz anders: Weder Autobahn noch Landepiste lassen sich hier verwirklichen. Denn wer die trügerische Kruste betritt, sinkt unweigerlich ein. Den Beweis liefern die Wracks von Fahrzeugen, deren Besitzer es nicht lassen konnten und die nun als Warnung und Fotomotiv aus dem Salz ragen. Eine Bergung stecken gebliebener Autos ist, wenn überhaupt, nur mit Seil und Winde möglich. Oft kommt jede Hilfe zu spät.

Da wir nur einige Spanngurte und definitiv keine Seilwinde dabei haben, verzichten wir lieber auf den Tragbarkeitstest. Außerdem hat der Regen der letzten Zeit die Oberfläche sicher nicht fester gemacht. »Soll ich es trotzdem versuchen?«, frage ich Andreas augenzwinkernd. Der grinst und nickt: »Ich werde dann das letzte Foto von deiner Maschine machen, während sie im Salz versinkt.«

Einen Spaziergang zu Fuß kann er mir aber nicht verwehren. Ich stiefele los. Immer dicht am Ufer entlang. Doch schon nach wenigen Metern kleben mir dicke, matschige Klumpen an den Sohlen, und kurze Zeit später stehe ich bis zu den Kniekehlen in rot schimmerndem Schlamm. Was für eine Sauerei. Andreas wartet in sicherer Entfernung am Ufer und lacht mich aus.

Nach diesem gesalzenen Ausflug haben uns bald unsere Freunde, die Dünen und der Sand, wieder. Es regnet. Mal mehr, mal weniger. Unangenehm. Wenigstens wird der Sand so etwas verdichtet und ist besser zu befahren. Georgia Bore heißt unser heutiges Ziel. Wir kommen gut voran, und wenn es so weiterläuft, müssten wir bis heute Abend dort sein.

Wie eine in die Wüste gezeichnete Linie ist die Canning in der Weite der Einsamkeit zu erkennen. Die Dünen wie auf eine Schnur gefädelt. Eine Karte oder ein GPS brauchen wir hier bestimmt nicht. Immer nur der einzigen Spur im Sand folgen – was soll dabei schief gehen? Nichts. Eben. Das gibt Vertrauen und Selbstsicherheit. Negative Gedanken sind wie weggeblasen. Ich träume vor mich hin und lasse Bilder von einem kühlen Bier und einem großen saftigen Steak an meinem geistigen Auge vorüberziehen.

Eine gewaltige rote Staubwolke holt mich unerwartet schnell in die Realität zurück. Direkt vor mir baut sie sich auf, in ihrem Zentrum erkenne ich eine blaue BMW, die sich gerade samt Fahrer in die Waagrechte begibt. Aha – ein Abflug. Das kennen wir ja schon. Ist mittlerweile nichts Neues mehr. Wird also auch diesmal glimpflich abgegangen sein. Und in der Tat sieht es zunächst so aus, als ob sich Andreas nichts getan hat. Auch am Motorrad ist dank des weichen Sands nichts beschädigt.

Doch als wir gerade dabei sind, die Ausrüstungsgegenstände, die die BMW um sich geworfen hat, wieder reisesicher zu verzurren, wird Andreas bleich. Sein Knie tut auf einmal höllisch weh. Er setzt sich in den Sand, und wir schieben seine Hose hoch. Mein lieber Mann! Das Ding ist fast so dick wie sein Oberschenkel. Er muss es sich beim Sturz verdreht haben. Zwei, drei Mal ist er jetzt schon hintereinander immer auf dieses eine Knie gefallen. Nun hat er den Bogen im wahrsten Sinne des Wortes überspannt.

Mir stellen sich die Nackenhaare auf. Schon vom Hinsehen wird mir ganz anders. Andreas' schmerzverzerrtes Gesicht bestätigt meine Vermutung: Das ist mindestens eine Bänderdehnung, wenn nicht sogar ein Bänderriss. Andreas ist zwar hart im Nehmen, doch beim Auftreten zuckt er jedesmal zusammen. »Fahren kann ich damit. Aber wenn wir in Halls Creek sind, gehe ich auf jeden Fall zum Arzt«, meint er. Ich meine das auch.

Einige Kilometer und mehrere Dünen weiter versperrt uns eine alte verrostete Gasflasche den Weg. Nanu? Müllsünder im Outback? Von wegen. Unterstützt von zwei dicken Ästen will uns diese Gasflasche sagen: »Hier ist die Durchfahrt verboten«. Wir sehen uns ratlos an. Wen um Himmels Willen sollte es stören, wenn wir hier mitten im Nichts bei 23° 12' 49" Süd, 122° 46' 30" Ost weiterfahren? Also ignorieren wir dieses merkwürdige Verkehrszeichen, geben Gas und kommen ganze 50 Meter weit. Denn hinter einer Kurve steht die Piste komplett unter Wasser – eine Folge der Regenschauer.

Also wieder zurück. Aber wie geht es nun weiter? Ich bin mir sicher, keine Abzweigung gesehen zu haben. Sollten wir vielleicht einfach versuchen, das überschwemmte Stück zu durchfahren? Andreas ist dagegen. Unter der Wasseroberfläche lauert vermutlich lehmiger, aufgeweichter Untergrund. Wie am Lake Disappointment. Wenn wir die Motorräder darin eingraben, ist unsere Spurensuche mit einem Schlag zu Ende. Nur ein Auto könnte uns herausziehen. Vorausgesetzt sein Fahrer dachte daran, ein sehr langes Seil mitzunehmen. Nein, dieses Risiko ist zu groß.

Wir fahren auf der Piste zurück. Langsam und suchend. Irgendwo auf den letzten Kilometern haben wir vermutlich den Hinweis auf eine Abzweigung oder etwas Ähnliches übersehen. Wir sind ja nicht alleine auf der Canning Stock Route unterwegs. Auch die anderen müssen vor dieser Überschwemmung irgendwo abgebogen sein. Marilyn, Colin und Robert fahren zirka einen Tag vor uns. Wo sind ihre Spuren?

Eine geschlagene Stunde suchen wir die letzten fünf Kilometer der Strecke ab. Doch wir finden nichts. Weder einen Zettel an einem Busch, einen Pfeil aus Zweigen, ein Schild, noch ein Wegzeichen. Absolut nichts, das uns auch nur den geringsten Hinweis geben könnte. Allmählich werden wir sauer. Jeder von uns hat sich schon auf miserabelsten Pisten in den letzten Ecken der Welt herumgetrieben und immer wieder nach Hause gefunden. Da kann es doch nicht angehen, das wir zu dumm sind, ausgerechnet dieses Stück der CSR in den Griff zu bekommen. Sollte uns »harte Kerle« eine kleine dämliche Gasflasche schachmatt setzen?

Zehn Minuten lang stehen wir vor dem Ding und grübeln still vor uns hin. Vielleicht doch ins Wasser fahren? Jetzt bloß nichts Falsches sagen. Andreas steigt wortlos auf seine Maschine und fährt noch einmal zurück. Was soll das? Glaubt er, beim x-ten Mal irgendetwas Neues zu entdecken? Kann ich mir nicht vorstellen. Auf gut Glück fährt er kleine Suchschleifen nach links und rechts in die Wüste hinein. Plötzlich winkt er – zwei Spuren biegen versteckt hinter einer Düne ins Outback ab. Tja, Glück ist offensichtlich auch eine Frage der Ausdauer.

Die beiden Spuren schlagen nach kurzer Strecke einen Haken und verlaufen danach parallel zur Canning Stock.

Schon wartet die nächste Düne. Nicht besonders hoch, aber extrem weich. Wie ein großer Sandkasten. Mehrere tiefe Spurrillen verraten, dass da schon jemand vor uns das Vergnügen hatte. Super! Wir sind also richtig. Unter uns ist die überflutete Piste zu sehen. Überall Wasser. Zwar schimmern die Spurrillen durch, doch wären wir dort unten in jedem Fall hoffnungslos abgesoffen. Glücklich darüber, die richtige Entscheidung getroffen zu haben, folgen wir der »Umgehungsstraße«.

Lange rosafarbene Bänder kündigen ihr Ende an – der »Lake Canning Stock« ist umgangen. Sobald – was wir stark hoffen – die Sonne wieder scheint, wird er ohnehin schnell verschwunden sein. Mit den rosafarbenen Bändern haben die Australier vorbildlich die Umgehung der Überschwemmung markiert. Allerdings nur in der hauptsächlich befahrenen Nordsüd-Richtung. Wer wie wir – auf Alfred Cannings Originalroute – von Süden nach Norden fährt, muss mit einer verrosteten Gasflasche Vorlieb nehmen. Die Umleitung sieht fast aus wie die Einfahrt in die Baustelle einer deutschen Autobahn. Im Geiste sehe ich ein Schild vor mir: »Geradeaus Vollsperrung, ordnen Sie sich bitte rechts ein«.

Das Wetter hat sich inzwischen vollends gegen uns verschworen. Es gießt wie aus Kübeln. Das ist nicht nur Regen, was da vom Himmel fällt. Es kommt uns vor, als würden die fetten schwarzen Wolken direkt auf die Erde prasseln.

Aus dem Nichts tauchen plötzlich drei Kamele vor uns auf. Wilde Tiere, wie sie in Australien oft vorkommen. Auch sie sind klatschnass. Einige Minuten lang treiben wir sie vor uns her. Während sie auf diese Weise ungewollt ihre Höchstgeschwindigkeit erreichen, schaukeln sie erheblich. Schließlich haben sie von dem unfairen Rennen genug und verlassen die Piste. Was lernen wir aus dieser Begegnung: Andreas und ich sind nicht die einzigen Kamele, die sich bei einem solchen Sauwetter im Outback herumtreiben.

Eigentlich ginge es jetzt zu Well 20 ab. Doch wir lassen diesen Brunnen links liegen. Spritttechnisch hätte es für die knapp zehn Kilometer lange Sackgasse zwar gereicht, doch hat uns der Dauerregen gehörig die Laune verdorben. Bei 23° 15' 13" Süd, 122° 35' 49" Ost erinnert ohnehin nur noch ein Loch im Boden an den einstigen Brunnen. Im Jahre 1955 schlug ein Viehtreiber namens Jack Gordon dort sein Lager auf. Bereits vor seiner Ankunft am Brunnen war er schwer erkrankt. Es dauerte mehrere Tage, bis er wieder bei Kräften war und Wasser für seine Rinder fördern konnte. Die Tragik: Von den 500 Tieren verdurstete die Hälfte. Und das direkt neben dem Brunnen. Bis 1980 funktionierte Well 20 einwandfrei, dann erlag die Holzkonstruktion einem Buschfeuer.

Auch an Well 21 keine Änderung der Wetterlage. Es gießt und gießt und gießt. Daher nur ein kurzer Stopp. 23° 10' 40" Süd, 122° 48' 34" Ost zeigt mein GPS an. Der Brunnen ist nicht mehr als ein Loch im Boden und ein paar Bretter drumherum. Also weiter.

Vier Uhr nachmittags und noch 50 Kilometer Piste bis Georgia Bore. Wir haben auf Deutsch gesagt die Schnauze voll. Die Luft ist raus. Wir sind platt, mit der Kraft am Ende. Der Regen pausiert nun zwar immer öfter, doch die Sonne verweigert ihren Dienst. Und durchnässt, fertig und frierend sollte man nicht unbedingt die letzten harten Kilometer eines Tages angehen. Also was tun? Aufgeben? Die Etappe abbrechen? Tief in unserem Inneren liegt noch ein Rest Optimismus.

An einem Gebüsch finden wir kurz darauf die notwendige Motivation. Oder besser gesagt: Die Motivationstüte, die uns wieder aufrichtet. An der Weggabelung zu Well 22 hängt eine Plastiktüte, wie wir sie schon vor ein paar Tagen fanden. Mit einer Nachricht von Marilyn, Robert und Colin. Sie kamen heute hier durch und schreiben, sie seien an dieser Stelle von der Canning abgebogen, da sie sich an eine Empfehlung von Bruce erinnerten. Er kenne diesen Pistenabschnitt, der eine erstklassige Abkürzung nach Georgia Bore sei. Na also. Wenn das nicht passt.

Wir nehmen Bruces Abkürzung, und nach acht sandigen Kilometern liegt Well 22 (23° 07' 14" Süd, 122° 48' 34" Ost) vor uns. Angesichts des simplen Loches im Boden und des nach wie vor miserablen Wetters halten sich unsere Emotionen in Grenzen. Jetzt gilt es die Frage der Weiterfahrt zu lösen. Um auf der Canning Stock Route bleiben zu können, müssten wir diese acht Kilometer wieder zurückfahren und dann der Piste in nördlicher Richtung folgen. Das würde einen gewaltigen Umweg, garniert mit hohen Dünen, bedeuten. Nicht sehr verlockend. Also was tun? Canning Stock oder Abkürzung? Original oder Fälschung? Ich würde mich ja für die schnellere Variante entscheiden. Aber was will Andreas?

Als Antwort legt er den ersten Gang ein, gibt kräftig Gas und folgt weiter der Piste, die Bruce empfahl. Ich atme erleichtert auf. So sparen wir rund elf Kilometer. Eine einzige Düne nur stellt sich uns in den Weg, danach geht es fast ohne Höhenunterschiede weiter.

Die Landschaft ist dicht mit dem hohen, harten und messerscharfen Spinifexgras bewachsen. Hin und wieder kreuzen Kamelspuren unseren Weg. Doch unsere potentiellen Partner für ein kleines Rennen bleiben unsichtbar. Dafür wird der von Westen kommende Talawana Track sichtbar. Dieser Track und die Canning teilen sich ein Stück Piste, das zwischen Georgia Bore und Well 24 liegt. Dann verschwindet die Canning nach Norden, der Talawana nach Osten.

Wenn die beiden Pisten an dieser Stelle ihre Wege kreuzen, kann das nur eines bedeuten: Georgia Bore ist nicht weit. Also durchhalten, wir haben es fast geschafft. Lautes Hupen durchdringt plötzlich die Stille. Wir halten an, kneifen die Augen zusammen und versuchen, in der einbrechenden Dämmerung etwas zu erkennen. Brennen dort drüben nicht die Lichter von zwei Autoscheinwerfern? Tatsächlich. Wir sind am Ziel. Nach 135 Kilometern. Wir können es kaum glauben.

Die drei Australier bereiten uns einen warmen Empfang. Im wörtlichen Sinn. Robert und Colin entfachen ein Lagerfeuer, Marilyn macht eine Suppe heiß. Andreas und ich bauen derweil unser Zelt auf und hängen die nassen Klamotten ans Feuer. Aus meinen Motocross-Stiefeln schießt ein Schwall Wasser. Ob wir das alles bis morgen Früh trocken bekommen? Egal. Jetzt freuen wir uns erst einmal, dass wir in Georgia Bore angekommen sind. Die heutigen 135 Kilometer sind ein neuer Rekord. Wir feiern ihn mit einer extra großen Portion Spaghetti.

Kapitel 8 – J. Becker

Wüstentankstelle

»Was für ein bizarres Bild: Dutzende von Blechbehältern stehen hier mitten im Nichts.«

Jungs, wollt ihr Pfannkuchen?«, sind die ersten Worte des Tages. Die ersten, die ich wahrnehme. Klar wollen wir Pfannkuchen. Ein verführerischer Duft von frischem Kaffee und »Pancakes« weht in unser Zelt herein. Jetzt aber ruck zuck aus den Schlafsäcken.

Zu meiner Verwunderung haben die drei Australier ihre Utensilien schon weitestgehend zusammengeräumt. Sie sitzen entspannt am Feuer und erfreuen sich eines hellen Flecks am Himmel. Da soll vermutlich mal die Sonne durchscheinen. Der Rest des Himmels ist mit grauen Wolken verhangen. Genau wie gestern. Das ist mir im Augenblick jedoch ziemlich egal. Meine Welt besteht heute Morgen nur aus den mit Marmelade überzogenen Teigwaren, die Robert gerade zubereitet. Er steht vor der weit geöffneten Heckklappe des Toyotas und arbeitet an zwei Pfannen gleichzeitig. Die fest montierte Feldküche im hinteren Teil des Geländewagens hat fast den Charakter einer kleinen Kantine. Vom Feinsten. Robert, der leidenschaftliche Outdoor-Koch, gibt sein Bestes, und das Bratergebnis fällt entsprechend schmackhaft aus. Ein Frühstück, ein richtiges Frühstück! Ich bin im siebten Himmel. Dass auch dieses Frühstück wie jeden Morgen mit einer Tasse Müsli endet, nehme ich gelassen hin. Ebenso die unvermeidliche Vitamintablette.

Vereinzelt fallen Regentropfen, die Sonne hat das Loch in den Wolken offensichtlich noch nicht entdeckt. Entdeckt hat uns dafür ein junger Dingo. Der Wüstenhund sitzt kaum zehn Meter von uns entfernt und beobachtet uns aufmerksam. Wie lange er wohl schon dahockt? Wir haben ihn erst jetzt bemerkt.

Kurz darauf ist das Lager komplett abgebaut. Der Toyota ist wieder bis unters Dach beladen, die Motorräder sind ebenfalls abfahrbereit. Noch schnell die Wasserbeutel befüllen, denn Georgia Bore hat beste Wasserqualität. Das verpflichtet, die Reserven aufzufüllen. Wer weiß schon, was danach kommt.

Ich bediene die Pumpe, Andreas füllt das Wasser ab. Aus dem Augenwinkel heraus erkenne ich, wie sich der Dingo an uns heranschleicht. Will er etwas vom Frühstück abhaben? Wie ein junger Hund robbt er ganz vorsichtig auf uns zu. Macht plötzlich einen gewaltigen Satz nach vorn, um dann sofort wieder ein paar Meter zurückzuspringen. Wir verstehen: Er will spielen. Bitte, kann er haben. Minutenlang spielen wir mit ihm Fangen und amüsieren uns köstlich. Der Dingo nicht weniger. Schließlich hat er genug und trollt sich. Verschwindet in den Büschen. Sehr merkwürdig. Für gewöhnlich sind

Dingos extrem scheu. Dieser begegnete entweder schon einmal freundlichen Menschen oder hatte noch nie ein Treffen mit Zweibeinern. Zweites ist wohl wahrscheinlicher, denn bei Australiern sind Dingos nicht besonders beliebt.

Nach kurzer Strecke auf der Canning Stock entdeckt Andreas ein altes, vom Buschfeuer gezeichnetes Schild. Die Buchstaben CSR sind darauf zu erkennen und Pfeile in beide Richtungen. Muss uralt sein. Ein Motiv wie gemacht für ein Foto. Ich versuche, die BMW durch die tiefen Spurrillen zu bugsieren und sie irgendwie neben dem Schild zu platzieren. Was mir auch gelingt. Allerdings in horizontaler Lage. So ein Mist! Ein paar Meter gefahren und schon der erste Bodenkontakt. Andreas grinst breit unter seinem Helm hervor. Doch die Rache folgt auf dem Fuß: Gerade als er seine Kamera sicher im Tankrucksack verstauen will, gerät er in Schräglage und legt sich samt Maschine auf die andere Seite der Piste.

In dem Moment höre ich ein Motorgeräusch, eine Autotür geht auf, und eine ungläubige Stimme fragt: »Jungs, was macht ihr da?« Es ist Colin. Die drei fuhren knapp hinter uns und konnten die ganze Szene beobachten. »Sah wirklich gekonnt aus«, stellt Colin trocken fest. Ich weiß nicht, ob ich fluchen oder lachen soll. Andreas hat seinen Humor schneller wieder und ruft zum Auto hinüber: »Sollte eine kleine Extra-Vorstellung für euch werden.« Wie peinlich. Andreas und ich sehen uns an. Mein Gott, sind wir blöde.

Mit australischer Hilfe sind die beiden Bikes schnell wieder auf die Räder gestellt. Dummerweise hat sich ein großer Teil der Fotoausrüstung im Sand verteilt. Der Tankrucksack war nicht ganz geschlossen. Andreas verdreht die Augen und stöhnt: »Hoffentlich ist nichts kaputt gegangen. Wir haben ja noch nicht einmal die Hälfte der Canning geschafft.« Ein Fotojournalist ohne Fotoapparat – ein Alptraum. Wir klauben Gehäuse und Objektive aus dem Sand, reinigen sie so gut es geht und hoffen das Beste.

Mit den Australiern verabreden wir uns an Well 23, am Capricorn Roadhouse Fuel Dump. Dort steht ein 200-Liter-Spritfass für uns. So ist es zumindest mit den Leuten vom Capricorn Roadhouse besprochen. Dann verschwindet der Toyota in einer großen Staubwolke am Horizont.

22 Kilometer sind es bis zur Tankstelle. 22 Kilometer übelstes Wellblech. So heißen die harten, ausgefahrenen Querrillen einer Sandpiste. Nimmst du sie langsam, bekommt das Motorrad solche Schläge ab, dass du glaubst, es bricht jeden Moment auseinander. Fährst du schneller, liegt die Maschine zwar ruhiger, dafür hast du fast keine Kontrolle mehr über sie. Andreas entscheidet sich für Variante 1, ich mich für Variante 2. Gemeinsam fluchen wir über die schlechte Piste und das mörderische Wellblech. Eineinhalb Stunden quälen wir uns vorwärts.

Dann endlich Well 23. Mein GPS verrät 23° 04' 45" Süd, 123° 13' 14" Ost. Stimmt haarscharf mit dem Eintrag auf der Karte überein. Jetzt noch tausend Meter bis zum Treibstofflager. Ob dort tatsächlich ein 200-Liter-Fass wartet? Wenn nicht, haben wir ein Problem. Von weitem kann ich schon den roten Toyota erspähen. Dann sind wir auf Sichtweite heran, und ich mache eine große Anzahl von Fässern aus. Was für ein bizarres Bild: Dutzende von Blechbehältern stehen hier mitten im Nichts.

Wir parken die Motorräder und verschaffen uns einen Überblick. Auf der einen Seite des Platzes steht alles, was bereits geleert wurde und wartet langsam rostend darauf, abgeholt zu werden. Auf der anderen Seite steht der Rest der Fässer, aufgeteilt nach Diesel und Benzin. Dem Geruch nach ist das hier eine echte Tankstelle. Nur sind die Auflagen nicht ganz so streng wie zu Hause in Deutschland. Das Verhältnis zum Umweltschutz ist hier draußen relativ unverkrampft. Der Wüstenboden ist an vielen Stellen von Kraftstoff getränkt, der Begriff »Ölabscheider« garantiert ein Fremdwort. Konzentration aufs Wesentliche. Und das ist die Bezwingung des Outbacks. Speziell der Canning Stock Route. Dazu benötigt man ein Spritdepot. Basta. Wen stört da schon ein kleines Stück verschmutzter Wüste?

Auf jedem Fass steht der Name der Person, die den Inhalt und die Anlieferung bezahlte. Sogar zwei Handpumpen sind vorhanden. Eine für Diesel, eine für Benzin. Na bitte, die Damen und Herren vom Capricorn Roadhouse haben an alles gedacht. An fast alles. Denn das Fass, auf dessen Deckel Colins Nachname stehen soll, fehlt. »Euer Fass steht dort hinten«, ruft uns Marilyn zu. »Unseres ist nicht dabei. Wir haben alle Fässer schon zum zweiten Mal überprüft. Hier ist absolut nichts zu finden. Kein Fass, auf dem unser Name geschrieben steht. Was nun?« Die sorgenvollen Mienen der drei sind berechtigt. Eventuell bekommen sie ca. 260 Kilometer weiter in der Kunawarritji Community Sprit. Aber nur eventuell. Außerdem treiben diese 260 sandigen Kilometer den Benzinverbrauch kräftig in die Höhe. Böse Falle.

Andreas und Colin starten zu einer weiteren Suchrunde. Robert hilft mir, unsere Kanister zu betanken. Schon beim ersten läuft der Sprit unten wieder heraus, mir direkt über die Stiefel. Verdammt! Eines der geflickten Löcher ist wieder aufgegangen. Schnell gieße ich den Sprit in einen der Motorradtanks, die zum Glück noch leer sind. Robert überprüft die anderen drei Kanister: Noch zwei Löcher. So ein Pech. Meine Flucherei hilft nichts, ein weiteres Mal packe ich das Reifenflickzeug aus. Den Zweikomponenten- und den Sekundenkleber gleich dazu. Diese Reparatur muss halten.

Colins Fass bleibt verschwunden. Er gibt sich erstaunlich ruhig. Ein Anruf mit unserem Satellitentelefon beim 600 Kilometer entfernten Capricorn Roadhouse soll Klärung bringen. »Wir garantieren die Lieferung der Fässer, aber nicht, dass sie auch da stehen. Vielleicht hat es jemand geklaut«, bekommt er zu hören. Was für eine faule Ausrede. Wir glauben kein Wort. Wer sollte hier im Nichts ein über 200 Kilogramm schweres Fass wegschaffen? Zumal jeder im Outback weiß, was von diesem Benzin abhängt. Nein, da sind wir uns einig, geklaut kommt nicht in Frage. Auch wenn es das erste Mal sein sollte: Die Jungs haben das Fass einfach vergessen.

Inzwischen sind die Tanks unserer beiden Motorräder befüllt. 759 Kilometer liegen seit Wiluna hinter uns. Ich rechne nach und komme auf einen Spritverbrauch von rund 6,5 Liter auf hundert Kilometer Canning Stock Route. Das ist annehmbar. Doch die richtig hohen Dünen sollen ja noch kommen.

Nachdem der Kleber inzwischen ausreichend getrocknet sein müsste, wage ich mich noch einmal an das Befüllen der Kanister. Eigentlich sind es keine Benzin-, sondern Wasserkanister. Sehr dünnwandig, dadurch sehr leicht. Leider auch nicht besonders stabil. Möglicherweise hätten wir uns doch für die schweren und festen Blechkanister entscheiden sollen. Aber ein »hätte« bringt uns jetzt nicht weiter. Andreas scheint in diesem Augenblick denselben Gedanken zu haben. Sein Gesichtsausdruck spricht Bände. Behutsam füllen wir die Kanister. Liter für Liter. Sie halten. Die Mixtur aus verschiedenen Klebstoffen erweist sich als standfest. Hoffentlich noch lange.

Die verbleibenden hundert Liter pumpen wir in den Tank des Toyota. Das müsste reichen, um unsere Freunde bis zur Kunawarritji Community zu bringen. Dort wird sich irgendwie Benzin auftreiben lassen. Wir freuen uns, dass wir uns endlich einmal für die viele Hilfe auf der Canning revanchieren können.

Es ist jetzt früher Nachmittag. Das Flicken der Kanister hat mehr Zeit in Anspruch genommen, als wir für die gesamte Tankpause einplanten. Und dieser Stopp ist noch lange nicht zu Ende. Denn Andreas bemerkt, dass die Ventile meiner Reifen extrem schräg stehen. Vermutlich habe ich den Luftdruck in den letzten Tagen zu stark abgesenkt. Mit 0,8 bar fuhr es sich im tiefen Sand zwar sehr gut, doch hätte ich den Reifen mehr Aufmerksamkeit schenken sollen. So kann ich unmöglich weiterfahren. Früher oder später werden die Ventile bei dieser Schräglage abreißen.

Colin nimmt einen Wagenheber aus dem Auto, stellt diesen unter den Motorschutz der BMW und beginnt zu pumpen, bis das Vorderrad keinen Bodenkontakt mehr hat. Andreas lässt die wenige Luft ab, die sich noch im Schlauch befindet. Während Colin und Robert das Motorrad festhalten, das sich nun in einem instabilen Schwebezustand befindet, beginnen Andreas und ich an Felge und Mantel zu zerren. Gut, dass so viele hilfreiche Hände vor Ort sind. Alleine müssten wir das Motorrad komplett entladen.

Es klappt. Mantel und Schlauch lassen sich auf der Felge verschieben, bis das Ventil vorschriftsmäßig sitzt. Jetzt noch aufpumpen, dann ist das Vorderrad wieder einsatzbereit. Ich krame nach unserer Handpumpe. Auch Colin wühlt in einer Kiste und bringt einen kleinen 12-Volt-Kompressor zum Vorschein. Das macht das Aufpumpen natürlich viel einfacher. Eine knappe halbe Stunde nur nimmt das Ausrichten beider Ventile insgesamt in Anspruch. Und das, ohne ein Rad auszubauen. Dank australischer Mithilfe.

Endlich Aufbruch. Der Toyota verschwindet bereits am Horizont. Wir warten noch einen Augenblick. Dann starten auch wir. Wie ungewohnt sich die Motorräder anfühlen. Verdammt schwer. Auf den ersten tausend Meter Piste zurück zur CSR erscheint mir die BMW geradezu unfahrbar. Ein guter Zentner zusätzliches Benzin macht sich sehr deutlich bemerkbar.

Gut, dass die Piste nicht gleich mit Tiefsand beginnt. Wie Fahranfänger tasten wir uns vorwärts. Als müssten wir das Motorradfahren neu lernen. Nach einigen Kilometern wird unsere Wiedereingewöhnungsphase von einem kleinen See gestoppt. Der Regen der letzten Tage ging auch an diesem Stück Wüste nicht spurlos vorüber. Rechts und links der Wasserfläche haben sich schon andere versucht, tiefe Spurrillen deuten darauf hin. Alles auf lehmigem, salzigem Untergrund. Das hatten wir vor einigen Tagen schon einmal. Nur dass wir nicht wie am Lake Disappointment außen herum fahren können. Diesmal müssen wir mitten durch den Matsch.

»Ich gehe erst mal nachschauen, wo es lang geht«, ruft mir Andreas zu. Gute Idee. Ich warte bei den Motorrädern und beobachte ihn. Braune Fußabdrücke zeichnen seinen Weg auf der weißen Salzoberfläche. Dicke Lehmklumpen kleben an seinen Stiefeln. Er hinterlässt eine gewaltige Spur. Man könnte denken, hier sei ein Riese durchgestampft.

Kaum 30 Meter neben mir zeigen sich plötzlich zwei Dingos. Sie scheinen unser Treiben schon einige Zeit zu beobachten. Im hohen Gras fielen sie nicht auf. Nun überwiegt ihre Neugier. Einer von ihnen, ein ganz junger, sucht Kontakt zu Andreas. Wie das Tier von heute Morgen pirscht er sich an ihn heran. Mögen erwachsene Dingos misstrauisch sein – für die Jungen gilt das nicht. Mit großen Sprüngen rast der Bursche auf Andreas zu, um dann knapp vor ihm abzubremsen und sich wieder zurückzuziehen. Einige Minuten geht es hin und her. Dann beendet Andreas die Spielerei. Sorry Jungs, wir haben zu tun.

Ich starte zuerst. Es sind nur hundert Meter. Hundert Meter, auf denen sich unsere Hinterräder auf keinen Fall festgraben dürfen. Wie ein Schaufelbagger im Tagebau frisst sich der hintere Stollenreifen durch den lehmigen Untergrund. Rechts und links der Schwinge quillt der hellbraune, salzige Boden heraus. Vom Reifen fein püriert. Nach hinten fliegen die Brocken meterweit, es ist die reinste Schlammschlacht. Dann erreiche ich festen Boden. Ging besser als erwartet. Eine tiefe Spur verrät meine gefahrene Linie. Auch Andreas pflügt erfolgreich durch den Dreck, aufmerksam beäugt von den Dingos.

Zehn Kilometer später passieren wir bei 23° 06' 34" Süd, 123° 20' 37" Ost die Ruinen von Well 24. Viel ist nicht übrig von diesem Brunnen, kein Grund also, sich lange aufzuhalten. Der Bewuchs entlang der Piste wird nun immer dichter. Die Äste ragen bis in die Fahrspur hinein und machen das Manövrieren unserer maximal betankten Motorräder noch schwieriger als üblich. Dann teilt sich die Piste. Der gemeinsame, 55 Kilometer lange Weg des Talawana Tracks und der Canning Stock Route ist hier zu Ende. Der Talawana Track geht rechts in südöstlicher Richtung ab und wird nach gut 200 Kilometern auf den Gary Highway treffen.

Wir halten uns links. Folgen der Canning Stock Route in Richtung Nordosten. Die CSR meint es gerade mal wieder nicht gut mit uns. Sie wirft uns Wellblech vors Vorderrad und serviert uns am Wegrand dichtes Gebüsch. Zermürbend. Jede noch so kleinen Düne zehrt an meinen Kräften. Auch Andreas habe ich schon wesentlich eleganter fahren sehen. Irgendwie reicht es mir für heute.

In diesem Moment hält Andreas an. Ich stoppe neben ihm. »Was ist los?« »Da drüben. Schau mal: zwanzig arabische Einwanderer.« Dann sehe ich sie auch. Zwanzig Kamele. Sie stehen kaum fünfzig Meter neben der Piste. Stehen da und gaffen herüber. So stehen wir uns eine Weile gegenüber und glotzen uns an. Hinter den Tieren ragt eine Düne auf. Eigentlich kein schlechter Platz für ein Nachtlager. Wir fahren den Dünenkamm hinauf und stellen fest, dass der erste Eindruck nicht getäuscht hat: Die Aussicht ist grandios. Unten trotten die Kamele am Fuß der Düne vorbei, während sie uns einen letzten neugierigen Blick zuwerfen. Lange Schatten werfend, ziehen sie der untergehenden Sonne entgegen. Schließlich verschwinden sie als kleine dunkle Punkte am Horizont, der sich allmählich purpur verfärbt. Wir schlagen das Lager auf, entfachen ein Feuer und lassen den Tag im Rot der Abendsonne ausklingen.

Kapitel 9 – J. Becker

Sturz mit Folgen

»Ich überlege, ob ich jemals
ein so dickes Knie gesehen habe.«

Als ich am Morgen darauf noch völlig verschlafen aus dem Zelt krieche, hat der Frühaufsteher Andreas bereits das Feuer neu entfacht. Sogar das Frühstück ist schon fertig – was für ein Service. Der Billy steht über den Flammen, bereit, sein heißes Wasser über unsere Teebeutel zu ergießen. Noch herrscht Dämmerung. Doch die Sterne am dunklen Himmel ziehen sich mehr und mehr zurück. Ein großer heller Fleck am Horizont kündigt das baldige Erscheinen der Sonne an.

Was das Zusammenpacken und Beladen der Motorräder angeht, sind wir mittlerweile ein eingespieltes Team. Die Prozedur klappt mit jedem Tag schneller. Als die Sonne aufgeht, sind wir bereits auf der Piste, erklimmen Düne um Düne. Die spärlichen Reste von Well 25 ziehen vorüber (22° 58' 58" Süd, 123° 23' 48" Ost).

Der weiche, tiefe und von Spurrillen durchzogene Sand erfordert für das Überqueren der Dünen eine spezielle Technik. Wir probieren einiges aus und kommen zu dem Ergebnis, dass ein ganz bestimmter Faktor entscheidend ist. Und der heißt Gas. Nur wenn wir den Anstieg einer Düne mit viel Schwung und hohem Tempo in Angriff nehmen, besteht die Chance, dass wir in einem Rutsch drüberkommen. Versuchen wir es zu zaghaft, riskieren wir stecken zu bleiben. So wie an dem nun vor uns aufragenden besonders hohen Sandberg.

Hohe Düne bedeutet viel Gas. Ich nehme also hundert Meter Anlauf und beschleunige bis in den dritten Gang. Vollgas. Wenn sich mir jetzt eine Rille, ein großer Stein oder ein Loch vors Vorderrad wirft, dann gute Nacht. Zum Ausweichen bleibt bei diesem Tempo keine Zeit mehr. Aber wer bremst, verliert. Ich habe Glück und komme gut voran. Auf halber Höhe sinkt die Drehzahl schlagartig ab. Sofort schalte ich eine Stufe tiefer und lasse die BMW im zweiten Gang weiterarbeiten. Dabei werde ich langsamer. Das ist nicht gut. Nur noch zehn Meter, dann ist der Dünenkamm erreicht. Wird es klappen? Die Drehzahl geht erneut in den Keller, der Einzylinder verlangt nach dem ersten Gang. Ein Tritt auf den Schalthebel und wieder Gas. Die Drehzahl schießt in die Höhe, doch mit dem Vorwärtsdrang ist es auf einen Schlag vorbei. Was ist los? Ich bin beim Schalten im Leerlauf hängen geblieben. Fünf Meter vor dem Dünenkamm. Der Versuch, aus dem Stand anzufahren, scheitert kläglich. Mein Hinterrad gräbt sich sofort ein.

Andreas hat sich den Gipfelsturm aus sicherer Entfernung angesehen und aus meinem Fehler gelernt. Um sich nicht wie ich im Tiefsand zu verschalten, legt er gleich im ersten Gang los. Wie eine Schneefräse frisst sich seine F 650 mit Höchstdrehzahl die Düne empor und befördert den Sand gleich kiloweise talwärts. Sieht zwar ungewohnt aus, hat aber Erfolg. Auf der Spitze der Düne angekommen, stellt er die Maschine ab, nimmt den Helm vom Kopf und meint: »Na, auf Grund gelaufen? Sah aber gut aus.«

Dann stellt er sich hinter meine BMW und stemmt sich gegen den Gepäckträger, während ich kräftig Gas gebe. Die Maschine rührt sich um keinen Zentimeter, dafür sieht Andreas aus wie ein Sandmännchen. Von Kopf bis Fuß sandgestrahlt. Außerdem hat sich das Hinterrad nun bis zur Stollenoberkante ins Innere der Düne zurückgezogen.

Es hilft nichts – ich muss abladen. Koffer, Taschen, Kanister, einfach alles. Doch das reicht nicht. Das 18-Zoll-Hinterrad sitzt fest wie einbetoniert. Es bewegt sich um keinen Millimeter. Also graben. Nach und nach lege ich das Rad frei. Schließlich können wir das Heck samt Rad etwas anheben und ein Stück nach vorn zerren. So arbeiten wir uns Zentimeter für Zentimeter dem Gipfel entgegen. Nach einer guten dreiviertel Stunde haben wir es geschafft. Ich trage noch das Gepäck die letzten Meter die Düne hinauf und verstaue es am Motorrad. Wir sind wieder startklar. Das gewaltige Loch, das unsere Erdarbeiten hinterlassen haben, wird einem Geländewagen keine Probleme bereiten. Einem Motorrad schon eher. Da wir jedoch derzeit die einzigen Zweiradler auf der CSR sind, belassen wir es dabei und verzichten darauf, die Grube wieder zuzuschütten.

An Well 26 (22° 54' 58" Süd, 123° 30' 21" Ost) erholen wir uns erst einmal von der anstrengenden Buddelei. Der Brunnen wurde 1983 restauriert, David Hewitt hatte damals die Leitung. Unterstützt wurde er von drei Aborigines aus Jigalong. Neben dem Brunnen steht eine Kiste, die der Landrover Club of Victoria aufstellte. Darin liegt ein Besucherbuch, das voller höchst interessanter Storys ist. Wir blättern neugierig darin herum und lesen spannende Notizen von Reisenden, die sich auf der Canning verfuhren oder eingruben, Pannen hatten oder krank wurden.

Als wir den Deckel von Well 26 öffnen, erscheinen wie auf Kommando Dutzende von Zebrafinken. Um den Schöpfbehälter zu reinigen, gießen wir die ersten Liter Wasser in die nebenan stehende Rindertränke. Als hätten sie darauf gewartet, stürzen sich nun die Finken wie verrückt auf die Tränke. In Sekundenschnelle verwandelt sich der alte Blechbottich in eine Vogelbadeanstalt mit Getränkeausgabe. So etwas haben wir noch nicht gesehen. Die Tiere haben offensichtlich im Laufe der Jahre dazugelernt und wissen jetzt ganz genau, was es bedeutet, wenn der Brunnendeckel klappert.

Wir füllen die Wasserbeutel. Sicher ist sicher. Wie aus dem Nichts stehen plötzlich drei Geländewagen neben uns. Die Besatzungen steigen aus, es sind drei Pärchen. Die übliche herzliche Begrüßung, dann die Frage: »Seid ihr das gewesen auf der Düne? Ihr habt dort festgesessen, wir konnten eure Spuren sehen.« Die drei sind begeistert uns zu treffen. Sie erzählen, dass sie über Funk von uns hörten. Dass inzwischen jeder auf der Canning Stock Route über uns Bescheid weiß. Die Neuigkeiten von den beiden wagemutigen Deutschen auf ihren schwer beladenen BMW-Motorrädern hätten sich schnell verbreitet. Einige beeilten sich regelrecht, um uns noch zu treffen.

Andreas und ich sind beeindruckt und auch ein wenig verlegen. So viel Popularität und Anteilnahme hätten wir nicht erwartet. Offensichtlich sind wir mit unseren Motorrädern im Lande der 4WDs etwas Besonderes. Die sechs Australier beglücken uns mit belegten Broten und Getränken. Wie aufmerksam. Mal etwas anderes als die ständigen Müsliriegel.

Während unsere Fans ihre Wasservorräte auffüllen, fahren wir weiter. Um wenige Minuten später von ihnen überholt zu werden. Mit einer für uns unerreichbaren Geschwindigkeit brettern die drei Geländewagen vorbei und verschwinden in den Dünen. An ein solches Tempo kommen wir nicht heran. Ein voll bepacktes Motorrad ist auf diesem Untergrund einfach zu instabil. Mit einer leichten Sportenduro ohne Gepäck könnte es klappen. Aber nicht mit unseren Lasteseln. Vermutlich ist es auch unser Fahrkönnen, das der Geschwindigkeit eine Grenze setzt.

Well 27 ist von grünbelaubten »Desert Poplars«, den Wüstenpappeln, umgeben. Ein hübscher Ort, an dem leider nur noch die Überreste aus den Zeiten von Alfred Canning zu sehen sind. Die Koordinaten des Brunnens lauten 22° 47' 41" Süd, 123° 38' 39" Ost. Zeit fürs Nachtlager? Würde passen. Um unseren angestrebten Tagesdurchschnitt von 90 Kilometern auch heute absolvieren zu können, müssen wir aber noch Well 28 erreichen. Also weiter. Immerhin lauern bis dahin ungefähr 25 Dünen. Auf einer Strecke von nur 30 Kilometern dürfte das eine anstrengende Berg- und Talfahrt werden. Es ist bereits später Nachmittag, als wir die Motoren starten.

Uns ständig in der Führung abwechselnd, erklimmen wir Düne um Düne. Die Anstrengungen des heutigen Tages machen sich jetzt bemerkbar. Meine Kräfte lassen dramatisch nach. Auf dem Kamm einer Düne komme ich neben Andreas zu stehen und falle samt Motorrad einfach um. Feierabend. Die Luft ist raus. In seiner unerschütterlichen ostwestfälischen Art versucht Andreas mich zu motivieren. »Na, komm. Einer geht noch. Bis Well 28 ist es nicht mehr weit.« Er hat ja recht. Laut GPS kann der Brunnen nicht mehr weit sein. Doch die gerade Verbindungslinie, die das GPS anzeigt, hat mit der tatsächlichen Strecke nicht viel gemeinsam: Im Zickzack kämpfen wir uns durch die Dünen. Wer hat sich wohl diesen Pistenverlauf ausgedacht? Er sei verflucht.

Eine Düne weiter sehen wir in der Ferne etwas Buntes. Zelte. Auch Fahrzeuge lassen sich ausmachen. Ich blicke Andreas tief in die Augen, und er versteht: Dort unten wird für heute der Schlussstrich gezogen.

Beim Näherkommen erkennen wir die drei Pärchen von Well 26. Sie haben an Well 28 (22° 38' 35" Süd, 123° 45' 26" Ost) ihr Lager errichtet: drei Autos, drei Zelte, ein Feuer, drei Billys. Drumherum Stühle und Tische – ein kleines Dorf. Ich bin immer wieder erstaunt darüber, was die Australier so alles als »Grundausstattung« mit in den Busch nehmen. Die sechs begrüßen uns mit großem Hallo, bitten uns ans Feuer und verteilen kühles Bier. Gerne hätten sie sich noch eine Weile mit uns unterhalten. Doch daraus wird nichts. Andreas und ich sind kaputt. Wir essen einen Happen, trinken das Bier aus, dann ist der Tag für uns beide zu Ende.

Die ersten Kilometer des nächsten Tages wiegen uns in Sicherheit. Die Piste gibt sich motorradfreundlich, es geht gut voran. Wir werden übermütig und geben mehr Gas. Fordern die Canning heraus. Fünf Minuten später schlägt sie zurück. Und zwar in Form einer Wurzel, die unvermittelt vor Andreas' Vorderrad aus dem Boden wächst. Bei dem hohen Tempo hat er keine Chance auszuweichen. Das Folgende spielt sich wie auf einer Leinwand vor mir ab: Andreas kugelt über die Piste, sein Motorrad schiebt sich seitwärts durch den Sand, Teile der Ausrüstung verteilen sich im Gebüsch, eine Zega-Box knallt mir vor das Vorderrad. Als alles seinen Platz gefunden und der Staub sich gelegt hat, erkenne ich das volle Ausmaß dieses eigentlich gar nicht so dramatischen Sturzes: Andreas liegt auf dem Boden und krümmt sich vor Schmerz. Er ist auf sein angeschlagenes Knie gefallen und hat es wieder verdreht. Diesmal aber richtig.

»Our daily dose ...«, pflegt er nach einem solchen Ausrutscher immer zu sagen. Die heutige Dosis war jedoch eindeutig zu viel. Das Knie schwillt sofort an wie ein Luftballon. Ich überlege, ob ich jemals ein solch dickes Knie gesehen habe. Andreas ist Gott sei Dank hart im Nehmen und beißt die Zähne zusammen. Ich frage mich, wie lange er das durchhält? Die Hälfte der CSR bis Halls Creek haben wir zwar bald geschafft. Aber eben nur die Hälfte. Zum ersten Mal schießt mir das Wort aufgeben durch den Kopf.

Doch für Grübeleien bleibt keine Zeit. Es gilt, die havarierte Maschine wieder flott zu bekommen. Wegen der vielen Stürze gehen langsam aber sicher die Spanngurte aus, mit denen wir die Koffer jedesmal wieder ans Motorrad binden. Die Originalhalterungen sind schon seit Tagen nicht mehr in der Lage, die Aluboxen zu tragen. Für jeden abgerissenen Koffer müssen zwei Spanngurte herhalten, deren Haltbarkeitsdatum demnächst überschritten ist. Sie sind schon so kurz, dass wir kaum mehr vernünftige Knoten machen können.

Während wir uns dem abgerissenen Koffer widmen, steht plötzlich Colin hinter uns. Wir waren so in die Arbeit vertieft, dass wir das Motorgeräusch seines Wagens völlig überhörten. Colin und seine beiden Begleiter wunderten sich, dass wir sie nicht schon längst an irgendeinem Rastplatz eingeholt hatten. Die Sorge, mit uns sei etwas passiert, ließ sie umdrehen und nach uns suchen. Wie rührend. Sie kommen jedenfalls wie gerufen, spendieren einen Stützverband für das Knie und einen Spanngurt für den Koffer.

Nachdem die drei in einer mächtigen Staubwolke davongebraust sind, werfen wir die beiden Einzylinder an. On the road again. Da Andreas das angeschlagene Knie so gut wie nicht belasten kann, fährt er besonders vorsichtig. Er muss üble Schmerzen haben. Wenn diese proportional zur Schwellung seines Knies größer werden, dann möchte ich nicht in seiner Haut stecken.

Well 29 (22° 33' 17" Süd, 123° 53' 44" Ost) ist ein willkommener Grund um anzuhalten. Andreas braucht eine Pause. Brunnen Nummer 29 erweist sich als Ruine: ein großes Loch im Boden, verrottende Holzstämme, Altmetall. Wir kramen die Müsliriegel aus den Boxen und bringen unseren Kalorienpegel auf Normalniveau.

Beim Kauen runzeln wir beide gleichzeitig die Stirn: Irgendetwas stinkt hier unangenehm nach Benzin. Ähnlich wie an der Wüstentankstelle. Doch an Well 29 stehen keine Spritfässer herum. Das einzige, was hier nach Benzin riechen könnte, sind unsere Motorräder. Die Reservekanister werden doch nicht undicht geworden sein? Ich sprinte zu den Motorrädern und sehe die Bescherung: Zwei der frisch aufgesetzten Flicken lösen sich gerade ab. Ein Benzinfilm schimmert auf dem Kunststoff, roter Sand klebt darauf und verdeckt den Schaden auf den ersten Blick.

So können wir unmöglich weiterfahren. Andreas hat die rettende Idee und öffnet die Deckel der drei Tanks seiner F 650. »Schnell rein damit, bevor wir noch mehr verlieren.« Den Inhalt des einen Kanisters können wir auf beide Motorräder verteilen, dann sind die Tanks bis zum Anschlag voll. Zähneknirschend müssen wir den zweiten Kanister lassen wo er ist. Unter meinem Alukoffer befestigt, suppt er langsam vor sich hin. Mindestens fünfzig Kilometer müssen wir jetzt erst mal fahren, bevor wir auch das restliche Benzin auf die beiden Motorräder verteilen können.

Andreas fährt voran, gibt das Tempo an. Ich frage

mich, wie das Ganze weitergehen soll. Ein dickes Knie, zerfledderte Spanngurte, zwei defekte Benzinkanister – das stimmt nicht gerade optimistisch. Nach fünfzig Kilometern halten wir an und füllen den zweiten Kanister in die Tanks der Motorräder. Neun der elf Liter Benzin lassen sich retten.

Well 30 liegt schon einige Kilometer zurück, in unseren Köpfen spukt bereits das Lagerfeuer von Well 31. Die untergehende Sonne könnte dieser Vorstellung jedoch ein schnelles Ende bereiten. Das Purpurrot, das an einem deutschen Himmel unvorstellbar ist, bietet zwar einen hinreißenden Anblick, doch kündigt es auch die nahe Nacht an. Wir müssen uns sputen.

Ich bin froh, heute zur Abwechslung mal den Part des Optimisten übernehmen zu können. Andreas geht auf dem Zahnfleisch und benötigt Zuspruch. Die nahende Dunkelheit verbessert seine Stimmung nicht gerade. So gut ich kann, ermutige ich ihn, bis Well 31 durchzuhalten. Denn ich habe nicht die geringste Lust, inmitten der Dünen das Zelt aufzubauen. Doch Andreas' ostwestfälische Ruhe und Gelassenheit erweist sich jetzt als Hindernis: Der Gute lässt sich nur schwer ermutigen. Dabei kann es sich nur noch um Minuten handeln, bis es stockfinster ist.

Im Licht der Scheinwerfer fahren wir weiter. Tun damit genau das, was wir nie tun wollten: Auf einer unbekannten, nicht einsehbaren und schwierigen Piste im Dunkeln zu fahren. Das kann lebensgefährlich sein. Doch die Versuchung, die letzten fünf Kilometer bis Well 31 doch noch zu packen, ist zu groß. Im Schneckentempo arbeiten wir uns voran. Rechts und links der Piste werden die Büsche immer dichter. Im Lichtkegel der Scheinwerfer könnte man meinen, durch einen Wald zu fahren. Andreas fährt einige Meter hinter mir und ist mittlerweile hochgradig genervt. Er würde am liebsten an Ort und Stelle das Lager aufstellen. Ich halte also besser nicht an, um jeden Ärger zu vermeiden. Solange ich ihn im Spiegel sehen kann, ist alles in Ordnung.

Ein Feuerschein in den Büschen bringt die Erlösung: Marilyn, Colin und Robert haben an Well 31 ihr Nachtlager aufgeschlagen. Mit ihnen haben wir nicht im Entferntesten gerechnet und sie viele Kilometer weiter vermutet. Entsprechend ausgelassen sind bei 22° 31' 32" Süd, 124° 24' 26" Ost die Empfangsmaßnahmen. Ich wusste nicht, wie schön es sein kann, von bekannten Gesichtern begrüßt zu werden.

Eine ihrer ersten Fragen gilt Andreas' Knie. Er legt es kurzerhand frei und erntet allgemeines Entsetzen. Das Knie ist so dick, dass sich uns allen die Nackenhaare aufstellen. So können wir die Schwellung nicht belassen, da muss der Profi ran. Zum zweiten Mal auf dieser Reise krame ich nach der Medizinbox. Nach meiner akuten Diarrhö gleich zu Beginn der Canning Stock Route verstaute ich sie ganz unten in der Alukiste und wollte sie am liebsten nie wieder auspacken. Doch meistens kommt es anders als geplant.

Ich bin überrascht, welche Massen ich bewegen muss. Die halbe Ausrüstung scheint auf der Doktor-Tupperdose zu lagern. Schließlich lege ich sie frei und kann mich mit ihrem Inhalt beschäftigen. Ein Stützverband, eine Salbe zum Abschwellen und ein leichtes Schmerzmittel – das müsste reichen. Einige Tage Ruhe wären natürlich noch besser. Geht aber nicht. Ich bekomme ein schlechtes Gewissen. Mir fallen die vielen Leute ein, die uns gewarnt hatten. Auf dem Motorrad, ohne Begleitfahrzeug, mit dem ganzen schweren Gepäck. Sie hielten uns für verrückt. Ob sie recht hatten?

Deutlich verkalkuliert haben wir uns in puncto Ernährung. Täglich eine Tasse Müsli, zwei Müsliriegel sowie 80 – 150 Gramm »2 Minute Noodles« – das ist eindeutig zu wenig, um den körperlichen Anstrengungen der Canning gewachsen zu sein. Wir nehmen täglich zu wenig Kalorien zu uns. Weil echte Trockennahrung pro Portion über 10 Australische Dollar gekostet hätte, kauften wir stattdessen die preiswerteren Nudelgerichte ein. Ein Preis von knapp einem Dollar pro Portion machte uns die Entscheidung leicht. Dabei achteten wir nicht auf die Kalorienangaben. Ich habe bis jetzt locker vier Kilo abgenommen, meine Motorradhose würde ohne Hosenträger nicht mehr halten. Auch Andreas hat schon diverse Kilos verloren. Ich erinnere mich an einen Spruch des Protagonisten in dem Film »Crocodile Dundee«: »Man kann damit überleben, aber schmecken tut es nicht.« Wenn wir uns auf dieser Piste nicht komplett zu Grunde richten wollen, brauchen wir dringend eine Pause.

Noch vor dem Frühstück erkunden wir tags darauf Well 31. Das Buschwerk, das wir letzte Nacht nur im Scheinwerferlicht erahnen konnten, entpuppt sich als Eukalyptusgewächse. Erst jetzt im Tageslicht erkennen wir, wie hoch die Bäume sind. Sie stehen rund um den

Brunnen, und man könnte glauben, sie wurden absichtlich so gepflanzt. Der Brunnen selbst bietet nicht viel fürs Auge. Wie an den meisten anderen, an denen wir vorbeikamen, liegen nur noch Trümmer herum: Eisenstangen, die alte Umlenkrolle, Gerümpel. Relikte einer vergangenen Epoche. Schade. Das Brunnenloch selbst ist trocken. Einst war es rund sieben Meter tief und lieferte 13.000 Liter Wasser pro Stunde. Heute müssen sich die Besucher von Well 31 ihr eigenes Wasser mitbringen.

Andreas' Knie ist etwas abgeschwollen, seine Stimmung deutlich besser als gestern. Es tut ihm gut, dass wir es heute etwas langsamer angehen lassen. Die drei Australier brachen heute Morgen sehr bald auf und sind schon lange weg. Wir lassen uns hingegen Zeit und frühstücken erst einmal in aller Ruhe. Einigermaßen erholt folgen wir wieder Cannings Spuren.

Im weichen Sand der Piste ist seit einigen Kilometern die Fährte eines Kamels zu erkennen. Es marschiert irgendwo vor uns und hat wohl den gleichen Weg. Ob wir es einholen können? Gespannt verfolgen wir seine Spur. Da taucht am Horizont eine Silhouette auf – dieses schaukelnde Etwas kann nur das Trampeltier sein. Als es uns erspäht, gibt es Vollgas und versucht zu flüchten. Kamele können sehr schnell rennen. Was diesem Tier jedoch nichts nützt, denn solange es auf der Piste bleibt, entkommt es uns nicht. Der Anblick dieses wackelnden, flüchtenden Kamels ist so komisch, dass wir uns vor Lachen biegen und aufpassen müssen, um nicht vom Motorrad zu fallen. Es dauert einige hundert Meter, bis das Tier die Lage erkennt und die Piste endlich verlässt. Im hohen Gras fühlt es sich sicher und bleibt stehen. Eine Weile verharren wir drei reglos und beäugen einander. Dann hat das Kamel genug und wackelt davon. Was für ein Bild.

Nach einer Düne, einer weiteren Düne und noch einer Düne stehen wir vor Well 32 (22° 24' 22" Süd, 124° 35' 08" Ost). Der Brunnen ist knochentrocken und nur noch als Vertiefung im Sand zu erkennen. In der Gegend ist das Wasser heute rar. Selbst im zwei Kilometer entfernten Brunnen Mallowa Native Well müsste man mindestens zwei Meter tief graben, um an Trinkwasser zu gelangen. Wir checken die Karte. Wenn sie stimmt, sind es noch 21 Kilometer bis zur Kunawarritji Aboriginal Community. Sie ist unser nächstes Ziel. Vielleicht könnten wir dort tanken und etwas zu Essen kaufen. Etwas, das nicht nach Müsli oder »2 Minute Noodles« schmeckt. Mit viel Glück gibt es sogar etwas Richtiges zum Trinken. Das Wasser steht uns Oberkante Unterlippe.

Beinahe übergangslos wechselt der weiche Sand in eine harte Wellblechpiste. Was zunächst eine Erlösung ist, wird sehr schnell zur Tortur. Die Schüttelei ist kaum auszuhalten. Was haben wir über den Tiefsand geflucht. Aber dieses Wellblechgerappel übertrifft alles. Ich habe das Gefühl, die Maschine fällt jeden Augenblick auseinander. Schon sehnen wir uns nach den ruhigen Dünenetappen zurück.

Hinter einer Kurve öffnet sich eine breite Piste. Gepflegt und eben wie eine Landebahn für Flugzeuge. Eine weitere Piste, ebenso gut in Schuss, kreuzt sie. Wir stehen an einer Straßenkreuzung in der Mitte vom Nichts. Dann sehe ich eine Telefonzelle und falle fast vom Glauben ab. Ich fahre hinüber und sehe mir das Ding genauer an. Tatsächlich: ein Notfall-Telefon. Weshalb gerade hier?

Die Landkarte sowie ein Schild neben der Kreuzung lüften das Geheimnis: Wir stehen an der wichtigen Kreuzung von Canning Stock Route, Jenkins Track und Wapet Road. Wer von Einsamkeit und Wildnis genug hat, kann hier in die Zivilisation abbiegen. Folgt er der Wapet Road, erreicht er nach 910 Kilometern die Küstenstadt Port Hedland. Der Jenkins Track hingegen führt nach Alice Springs. Nur die Canning bleibt der Wildnis treu. Und wir natürlich der Canning. Doch jetzt biegen wir erst einmal auf den Kidson Track ein, der vier Kilometer weit zur Kunawarritji Aboriginal Community führt. Vier Kilometer auf dieser wunderbaren, frisch geschobenen Piste – das wird ein Fest. An die 1.000 Kilometer, die noch vor uns liegen, verschwenden wir keinen Gedanken.

Kapitel 10 – A. Hülsmann

Wo die Geister spuken

»Zwei Mal schon war Wasserloch 37 Schauplatz eines schaurigen Verbrechens.«

Der Weg zur Kunawarritji Community ist breit, so breit wie ein Boulevard. Eben und glatt. Keine Wash outs, kein Sand, kein Wellblech. Diese Piste ist einfach perfekt. Nach fast 1.000 Kilometern auf der Canning Stock Route sind wir auf dem Weg zu einem Stück Zivilisation. Und das in rasantem Tempo. Zweiter, dritter, vierter Gang, teilweise sogar im fünften. Der Tacho zeigt mehr als 100 Stundenkilometer, pure Fahrfreude. Ganze vier Kilometer dauert der Spaß leider nur, dann heißt es bremsen, rechts abbiegen, und schon sind wir mitten im Zentrum der kleinen Siedlung, bestehend aus einer Tankstelle und einem Lebensmittelladen. Unmittelbar dahinter ein Schild: »Do not pass this point!« Der Hinweis ist unmissverständlich: Die Aborigines wollen nur Geschäfte mit den Weißen machen, keine Freundschaft mit ihnen schließen. Die Tankstelle – eine Zapfsäule und ein überdimensionales Fass auf einem Gerüst.

»Closed sundays« steht in großen Buchstaben darauf. »Was für ein Tag ist heute?«, frage ich Jörg. Er zuckt mit den Achseln und überlegt kurz, bevor er antwortet: »Jedenfalls nicht Sonntag.« »Glück gehabt«, erwidere ich.

»How is going guys«, begrüßt uns ein Weißer schon von weitem. »We just finished lunchtime«, lässt er uns wissen. Die Mittagspause ist also gerade vorbei. Was für ein Tag, die Glückssträhne scheint ja nicht abzureißen. Es dauert nicht lange, und wir kennen den halben Lebenslauf des Tankwarts. Er heißt David und ist Verwalter dieser Community. Wie fast alle Siedlungen der australischen Ureinwohner wird auch Kunawarritji von Weißen verwaltet. David und seine Frau machen den Job gemeinsam, er die Tankstelle und die Werkstatt, sie den Lebensmittelladen und die Post. Den Verwaltungskram teilen sie sich.

»Ist nicht gerade viel los heute«, versuche ich, etwas zum Gespräch beizutragen. »Ganz im Gegenteil«, widerspricht David. »Es gibt immer eine Menge zu tun. Heute waren zum Beispiel schon drei Autos zum Tanken da. Seitdem wir dieses Jahr beschlossen haben, den Zutritt zur Community ohne Permit zu gestatten, ist es hier ziemlich busy. In der Saison kommen schon mal bis zu fünf Autos pro Tag. Wir befinden uns schließlich am Knotenpunkt, an dem die Canning Stock Route, die Waped Road und der Jenkins Track aufeinandertreffen.«

Auf den Hinweis »Do not pass this point!« angesprochen, meint David: »Einige Besucher sind einfach zu neugierig, und die Aborigines wollen ihre Ruhe haben. Meistens sind sie ohnehin unterwegs. Manchmal verschwinden sie sogar für einige Monate und tauchen dann plötzlich wieder auf.« Woran das liegt, möchte ich wissen. »Die Aborigines sind einfach so. Seit Jahrtausenden wandern sie schon durch diesen Kontinent, das kann man nicht so einfach ablegen. Nur die Gründe für diese Unrast haben sich verschoben. Früher war es die Jagd, die sie so umtriebig machte, heute sind es Fusel und Bier.«

Kunawarritji ist trocken, Alkohol verboten. Das hätten sich nicht die Weißen ausgedacht, versichert David. Die Aborigines selbst verordneten sich die Abstinenz. »Doch viele halten es auf die Dauer nicht aus, fahren mehrere hundert Kilometer, um sich ins Delirium zu stürzen. Nur für einen Abend, manchmal auch für Tage, solange das Geld eben reicht. Dann pumpen sie Leute an, betteln auf der Straße, und wenn überhaupt nichts mehr läuft, kommen sie zurück.«

David erzählt diese Geschichten mit einem Gleichmut, als seien sie das Selbstverständlichste auf der Welt. Seit mehr als 25 Jahren betreut er solche Siedlungen in Western Australien, er kennt es nicht anders. Die Dreamtime ist längst vorbei. Die Welt der Jahrtausende alten Mythen und Legenden gerät mehr und mehr in Vergessenheit. Traditionen sind bedeutungslos geworden, sie zählen nicht mehr. Auf was es ankommt, ist die Lebensart der Weißen. Die einstigen Herren Australiens jedoch leben am gesellschaftlichen Rand. Lediglich geduldet und abhängig von Sozialhilfe und Alkohol.

Nur wenige schaffen es, sich in der Welt der Weißen zurechtzufinden. Wie Eddie Mabo, ein eingeborener

Rechtsanwalt, der in einem 19 Jahre dauernden Prozess Landrechte für die Torres-Strait-Insulaner erstritt. Das Urteil von 1992, in dem den Aborigines erstmals Rechte auf öffentliches Land und Nationalparks zugesprochen wurden, hatte weitreichenden Einfluss auf das komplette australische Rechtssystem, in dem die Eingeborenen zuvor nicht allzu oft vorkamen.

Davids Redseligkeit stoppt abrupt. Sechs weitere Fahrzeuge haben sich vor seiner Zapfsäule versammelt. Das bedeutet einen neuen Rekord, aber auch Arbeit. Dabei ist die Tankstelle eigentlich nur ein Nebenjob. Als Verwalter der Community hat er vor allem mit »Paperwork« zu tun.

Nun rückt der kleine Lebensmittelladen in den Mittelpunkt unseres Interesses. Der Shop ist eine Einzigartigkeit im menschenleeren Kosmos der Great Sandy Desert. Kaum größer als ein Kiosk, das Angebot sehr überschaubar, für uns jedoch ein Gourmettempel. Statt Müsliriegel, Zwei-Minuten-Nudeln und Tee gibt es jetzt gefrorenes Weißbrot, Thunfisch, Kekse und Diät-Limonade. Ein kulinarischer Hochgenuss – man wird bescheiden hier draußen.

Kunawarritji ist unsere Rettung. Nicht nur kulinarisch. Denn der Sturz gestern zog nicht nur mein Knie stark in Mitleidenschaft, sondern kostete auch eine Menge Benzin. Mehrere Liter liefen aus dem Tank aus. Ganz zu schweigen von dem Durst der beiden BMWs. Sie haben sich das Saufen angewöhnt. Seit wir Well 23 verlassen haben, gönnen sich die Motoren fast neun Liter Sprit auf 100 Kilometer. Ohne das Nachtanken in der Siedlung wären wir deshalb niemals bis Billiluna gekommen, sondern irgendwo auf der Piste ohne Benzin liegen geblieben.

Acht Kilometer hinter Kunawarritji. 50 Kilometer haben wir heute erst geschafft. Es ist 15.00 Uhr, und wir hätten noch genügend Zeit, ein ordentliches Stück vorwärts zu kommen. Doch ich kann nicht mehr. Das rechte Knie verlangt nach Regeneration. Es ist geschwollen, richtig dick, und ich habe Schwierigkeiten, es überhaupt zu belasten. Jörg ist nun wieder in seinem Element. Er schient das Knie und verordnet mir absolute Ruhe. Packt alles an Salbe drauf, was die Bordapotheke hergibt. »Irgendetwas ist sicher dabei, das helfen wird«, meint er optimistisch. Jetzt weiß ich, wie sich Versuchskaninchen fühlen.

Verdammt zur Bewegungslosigkeit liege ich an Well 33 (22° 20' 31" Süd, 124° 46' 31" Ost) und kann nur zuschauen, wie Jörg die Routinearbeiten erledigt. Der Brunnen steht am Rande einer großen grasigen Fläche, umsäumt von Büschen, die ein wenig Schatten und Windschutz spenden. Ein guter Ort, um Kräfte zu sammeln, sich auszuruhen und ein wenig die Wunden zu lecken. Wir sind nicht die Einzigen an diesem Platz. Etwas weiter stehen drei 4WDs. Wie wir rasch erfahren, rasten sie schon einige Tage hier. Nicht ganz freiwillig, denn eines der Fahrzeuge ist kaputt. Ein Stoßdämpfer ist gebrochen, und nun warten die Leute auf Ersatz. Das neue Federelement soll in den nächsten Tagen kommen, mit dem Postflieger. So hoffen sie.

Jörg flickt die Koffer zusammen. Versucht, die Riemen

wieder brauchbar zu machen. Einige der Gurte sind nur noch Fetzen. Aber wir benötigen jeden Zentimeter. Die Halterungen der Koffer sind längst schon herausgebrochen, das Flickwerk aus Gurten ist der einzige Halt, den die Behälter noch haben.

Die letzten Stunden Tageslicht vertreiben wir uns mit Tätigkeiten, die in letzter Zeit selten geworden sind: Wäsche waschen und Duschen. Wasser gibt es hier an diesem Brunnen im Überfluss, so viel, dass das kostbare Nass sogar verschwendet wird. Ein Windrad saugt es aus der Erde und pumpt es in einen Behälter. Das riesige Fass ist randvoll und läuft über, so dass viel Wasser im Wüstenboden versickert.

Es wird ein kurzer Abend. Morgen wollen wir früh raus, um die verlorene Zeit aufzuholen. Die Schmerzen erlauben nur einen unruhigen Schlaf, immer wieder wache ich auf. Das Knie hat fast den gleichen Umfang wie der Oberschenkel, eine pralle Schwellung. Es tut weh. Jörgs Apotheke könnte helfen. Dort liegt seine stärkste Waffe gegen die Qualen. Doch die will er nicht herausrücken. Nur im Notfall, wie er sagt. Aber wenn das jetzt keine Not ist, was dann? Wahrscheinlich zählt für ihn nur der Verlust von Extremitäten. Das Zeug ist irgendein Opiat oder etwas Ähnliches. Jedenfalls hatte er bei der Einreise nach Australien mächtig Schiss, dass man ihn wegen Drogenschmuggel einlochen würde, sollte man das Zeug finden. »Wenn du das nimmst, müssen wir mindestens einen Tag aussetzen, weil du so bekifft gar nicht fahren kannst«, sagte er gestern Abend. Also Zähne zusammenbeißen.

Der nächste Morgen wird hart. Allein 15 Minuten brauche ich, um aus dem Schlafsack zu kriechen und die Klamotten anzuziehen. Die Cross-Stiefel erweisen sich als besonders zeitintensiv. Ich kann das Knie kaum bewegen, die Schwellung hat zugenommen. Für Jörg nach wie vor kein Grund, den Notstand auszurufen. Das Schmerzmittel bleibt in der Tasche. Er hat wohl selbst Bedenken, mir diesen Painkiller zu geben. Ich versuche es deshalb mit einem nicht ganz so starken Medikament.

Nach einigen Kilometern auf der Canning treten die Knieschmerzen in den Hintergrund. »Corrugations« – Wellblech, heißt das Zauberwort, das schlagartig die ganze Aufmerksamkeit erfordert. Die BMW ächzt im Takt der Vibrationen, schüttelt sich. Das einzige Mittel, dieser Folter zu entgehen, ist Geschwindigkeit. 60 km/h müssten es schon sein, 70 wären besser. Doch die erreichten wir bisher nur auf der breiten Zufahrt zur Kunawarritji Community. Der erste Versuch, etwas Schwung aufzunehmen, scheitert kläglich: Mit einem lauten Knall verabschiedet sich mein linker Koffer. Einen zweiten Versuch gibt es erst gar nicht. Nach 40 quälenden Kilometern ist das Wellblech vorbei. Endlich Dünen. Wir haben wieder Sand unter den Rädern, Gott sei Dank.

Einige wenige flache Hügel machen das Vorankommen leicht. Danach öffnet sich die Great Sandy Desert in einer weiten Ebene, die bis zum Horizont reicht. Der Track ist gut, fester Untergrund, karge Vegetation. Die Canning lässt uns durchatmen. Wir sind fasziniert von dieser unglaublichen Weite, die dem Auge kaum einen Punkt zum Einhaken gibt. Eine Weggabelung stoppt uns und fordert eine Entscheidung. Rechts oder links? Lassen wir Well 35 aus? Schon an Well 34 fuhren wir vorbei. Von Nummer 35 und 36 sind laut Routenbeschreibung nur noch Fragmente übrig. Auch in Kunawarritji sagte man uns, dass es dort nicht viel zu sehen gebe. Zudem sei im Moment sehr viel Wasser auf dieser Strecke, einige Autos hätten sich dort in den letzten Wochen ordentlich festgefahren. Die Alternativroute sei in wesentlich besserem Zustand. Unsere Entscheidung fällt daher schnell: Rechts ab, direkt zu Well 37.

Kurz darauf teilt sich der Track erneut. Welche Richtung? Ein Weg führt zurück zu Canning, der andere zur Gary Junction Road. Die geht bis nach Alice Springs, das mehr als 1.500 Kilometer östlich von unserem Standort liegt. Karte studieren und GPS befragen, lieber zwei Mal kontrollieren, als unnötige Kilometer in Kauf nehmen.

Well 37 liegt direkt Kurs Nord, aber keine der Spuren weist in diese Richtung. Eine zweigt nach rechts ab und ist halbwegs erkennbar, die andere führt nach Nordosten, lässt sich aber nur noch erahnen. Zugewuchert mit Büschen. »Das wird kein Spaß, sich durch dieses Gemüse zu wühlen«, gebe ich zu bedenken. Aber was bleibt uns für eine Wahl? Keine. Well 37 liegt im Norden, und dieser Track führt halbwegs in die gewünschte Richtung.

Ganz langsam rollen wir los. Es besteht kein Zweifel: Diese alternative Route wird kaum benutzt, die meisten Reisenden ziehen einen Besuch der Brunnen 35 und 36 vor. Eine Machete wäre jetzt nicht schlecht. Die Sträucher hängen direkt vor meiner Crossbrille, die Sichtweite liegt nahe Null. Aber allmählich gewöhne ich mich an dieses tastende Vorwärtskommen. Dann plötzlich öffnet sich das Buschwerk, und die weite Ebene liegt wieder vor uns. Im Westen können wir Dünenkämme erkennen, die parallel zur Piste verlaufen. Bis dorthin ziehen sich weite Flächen voller Spinifexgras, darin dunkle Punkte, die sich bewegen. Was das ist, können wir im Gegenlicht nicht genau erkennen, doch jeder dieser Punkte scheint groß zu sein, sehr groß. Beunruhigt sind wir nicht, aber neugierig.

Langsam nähern sich die Punkte, halten direkt auf uns zu. Jetzt erkennen wir: Was da durch die Vegetation trottet, ist eine Kamelherde, angeführt von einem riesigen Bullen. Die mächtigen und prallen Höcker verraten, dass es den Tieren gut geht hier draußen. Sie genießen sichtlich die Freiheit. Ihre Urahnen wurden im 19. Jahrhundert aus Arabien nach Australien gebracht. Kamele waren unentbehrlich. Wer sich hinaus in das unbekannte Innere des Fünften Kontinentes wagte, war auf diese Tiere angewiesen. Sie fressen alles, was auch nur halbwegs einer Pflanze ähnelt und trinken zur Not sogar Salzwasser. Große Hitze macht ihnen nichts aus, sie können enorme Lasten tragen und sind zäh. Kurzum, diese Tiere waren wie geschaffen für Entdeckungsreisen ins Outback. Auch Alfred Canning hätte es ohne Kamele nie geschafft, seine Brunnen anzulegen.

Dann kam das Auto, Straßen wurden gebaut, Pisten angelegt. Für die Wüstenschiffe gab es keine Verwendung mehr, man ließ sie laufen. Im Outback fanden sie ideale Lebensbedingungen und vermehrten sich prächtig. Wohl zu prächtig, denn in einigen Teilen Australiens gelten sie bereits als Plage. Seitdem die Australier erkannt haben, dass man mit Kamelen lukrative Geschäfte machen kann, werden sie gefangen. Gute Tiere kommen in die Zucht, die anderen werden geschlachtet. Kamelfleisch wird in Australien immer beliebter. Die besten Tiere jedoch gehen wieder zurück in das Land ihrer Urahnen. Der Grund: Die arabischen Scheichs interessieren sich mittlerweile sehr für die australischen Ableger. Sie wollen mit den Wüstenschiffen »made in down under« frisches Blut in ihre Züchtungen bringen.

Geschlossen schwenkt die Herde auf den Track ein. Auch Kamele lieben es bequem, denn in der Spur lässt es sich wesentlich angenehmer promenieren als draußen im Busch. Jörg und mich würdigen sie keines Blickes und interessieren sich nur für eines: Fressbares. Das ändert sich abrupt, als wir die Motoren starten. Die Herde sprengt wild auseinander. Nur der riesige Bulle denkt nicht daran, seinen Platz auf der Piste zu räumen. Der Chef straft uns mit einem verächtlichen, fast schon arroganten Blick, dreht sich um und tappst gemütlich weiter. Wir probieren es mit Hupen, aber das Tier zuckt nicht einmal mit der Wimper.

»O. K., Bursche«, denke ich mir, »du willst es nicht anders. Showtime.« Ich gebe Gas und nähere mich ihm von hinten. Die Verfolgung verfehlt nicht ihre Wirkung: Behäbig nimmt er Fahrt auf und geht schließlich in einen Trab über. »Da ist doch noch mehr drin«, rufe ich ihm zu. »Wollen doch mal sehen, ob du auch galoppieren kannst.« Ich fahre dichter auf, bis die BMW ihm fast am Hinterteil klebt. Doch sein Bewegungsdrang hat Grenzen. Einen leichten Trab, mehr kann ich ihm nicht entlocken. Bald verliert er die Lust, schwenkt aus, und die Piste ist wieder frei.

Es geht über sanfte Dünen hinweg. In den Tälern dazwischen stehen Schatten spendende Wälder voller Desert Oaks. Eine märchenhafte Landschaft. Es läuft. Wir kommen gut voran und sind ganz euphorisch. Well 37 liegt in Schlagweite. Das GPS zeigt Luftlinie knapp 15 Kilometer Entfernung an. Auf der Piste dürften das zwischen 23 und 25 Kilometer sein. Unter diesen guten Streckenbedingungen sind wir in einer Stunde dort.

Doch es kommt mal wieder ganz anders als wir denken. Keine 20 Kilometer vor Nummer 37 verläuft der Track nur noch auf dem Scheitelpunkt einer langen Düne. Die Räder versinken bis zu den Achsen im losen Untergrund. Schritttempo wäre hier schon Lichtgeschwindigkeit. Die folgenden drei Stunden sind eine einzige Wühlerei. Dann geben wir auf. Fertig, mutlos und frustriert. Bis Well 37 wären es nur noch zwei Kilometer. Unter diesen Bedingungen Welten. Bei einigen Wüsteneichen stellen wir das Zelt auf. Der Wind streicht durch die Äste, wobei er ein unheimliches Heulen erzeugt. Schaurig schön, passend zu Well 37, dem Geisterbrunnen.

Wasserloch 37 (22° 09' 18" Süd, 125° 27' 33" Ost) ist ein gefürchteter Ort auf der Route. Spuken soll es dort. Zwei Mal schon war es Schauplatz eines schaurigen Verbrechens, vier Menschen kamen an diesem Ort gewaltsam ums Leben. Die Viehtreiber George Shoesmith und James Thompson waren 1911 mit ihrem eingeborenen Begleiter Chinaman unterwegs, um eine Herde Rinder durch die Wüste zu treiben. Die Täter kamen wohl in der Nacht. Es waren Aborigines, die Thompson und Chinaman im Schlaf überraschten und erschlugen. Shoesmith wurde etwas weiter vom Lager entfernt gefunden. Er war auf Wache, als sein Hals von einem Speer durchbohrt wurde. Im Anschluss hackten die Eingeborenen die Getöteten in Stücke. Die sterblichen Überreste wurden zwei Monate später von Tom Cole, der ebenfalls mit einer Herde Richtung Wiluna unterwegs war, gefunden und begraben.

Dieser Vorfall war nicht untypisch für die Canning Stock Route. Immer wieder kam es während der Viehtriebe zu Auseinandersetzungen mit den Aborigines, die nicht begeistert davon waren, die ohnehin knappen Ressourcen mit Rindern teilen zu müssen. Auch fürchteten sie um ihre heiligen Stätten, die häufig in der Nähe der Wasserlöcher lagen.

1922 ereilte John McLernon das Schicksal. Der Geologe war mit zwei Kollegen auf der Suche nach Öl. In einer Nacht im September schliefen sie in der Nähe von Well 37, als sie von Aborigines überfallen wurden. Die Eingeborenen schlugen McLernon den Schädel ein. Sein Kollege Jones wurde schwer verwundet. Dem Dritten in der Gruppe, Bill Turner, gelang es, die Aborigines zu vertreiben. Auch McLernon wurde in der Nähe von Well 37 begraben. Immer noch, so heißt es, geistern die Ermordeten nachts umher und fordern Vergeltung für diese Tat. Sicher, es sind Schauermärchen, aber vielleicht ist es doch nicht so schlecht, etwas abseits von Well 37 zu übernachten.

Die Nacht ist unheimlich. Immer wieder streicht der Wind durch die Bäume und hinterlässt dieses Heulen, wie man es aus Gruselfilmen kennt. Es sind unruhige Stunden in der Dunkelheit. Das Lauschen nach draußen. Hier ein Knistern, dort ein Rascheln, immer wieder Geräusche, die sich nicht zuordnen lassen. Schauergeschichten belasten mein Gemüt und forcieren die Phantasie. Nicht bei Jörg. Der kriecht unbelastet in den Schlafsack und wappnet sich auf seine eigene Weise gegen die Geister der Canning: Er beschallt die nähere Umgebung mit gezieltem Schnarchen. Es ist kein kontinuierliches Auf und Ab. Es kommt mehr in Intervallen. In den akustischen Pausen bleibt mir genug Zeit, in die Natur zu horchen. Nach den Gespenstern zu lauschen, die sich ja nachts hier herumtreiben sollen. Bei Jörgs Getöse dürften sich jedoch selbst Geister fürchten.

Ich bin trotzdem erleichtert, als das Licht endlich wieder zurückkommt. Die morgendliche Windstille ist versöhnlich. Das Ende von Jörgs Rachenmuskulatur-Training lässt mich in der Morgendämmerung in den Schlaf fallen. Doch die Ruhe ist nur von kurzer Dauer. Das Morgenrot ist gerade verblasst, da packen wir schon die Sachen zusammen. Die Handgriffe haben sich auf das Notwendigste reduziert. Jeder von uns kennt seine Aufgaben, weiß, was er zu tun hat. Selbst die anfänglichen Scherze und dummen Bemerkungen sparen wir uns. Alles ist wie jeden Morgen, Routine eben. Es gibt nichts, woran man sich aufhalten könnte. Am wenigsten am Frühstück. Diese Müslipampe hängt mir zum Hals heraus. Ein Brei, dem sich der Körper schon längst verweigert hat. Jetzt wird er dabei auch noch vom Geist unterstützt. Diese Koalition ist übermächtig und verwehrt mir jegliches Hungergefühl. Was zu einem Disput führt, der ein wenig Abwechslung in unsere Aufbruchroutine bringt. Jörg besteht darauf, dass ich die Tasse mit Müsli aufesse. Restlos. Er ist unerbittlich, jede Gegenwehr aussichtslos. Seine stärkste Waffe: die Verschiebung der Mittagspause nach hinten. »Vor ein Uhr gibt es nichts mehr«, bestimmt er in einer Tonart, die mich an die Verhängung von Hausarrest in meiner Kindheit erinnert. Dieses Druckmittel ist allerdings ein schwaches, denn auch die Körnerstangen sind auf der Skala der beliebtesten Nahrungsmittel ganz weit nach unten gerutscht. Dennoch füge ich mich dem Unvermeidlichen. Denn irgendetwas muss ich meinem Körper anbieten, das er verarbeiten kann.

Wir stürzen uns wieder in den Sand und erreichen nach wenigen Minuten Well 37, den Geisterbrunnen. Das Wasserloch liegt mitten in einer Lehmpfanne, die mit einer dicken Salzkruste überzogen ist. Diese vereint die Eigenschaften von Klebstoff und Zement. Reifen oder Stiefel – die Masse krallt sich alles, was mit ihr in Berührung kommt und lässt es nicht mehr los. Mein allzu beherzter Vorwärtsdrang endet fast in einem Desaster. Erst in letzter Sekunde erkenne ich die Gefahr und kann das Motorrad noch so gerade eben auf festen Boden bringen.

Das Salz hat den Fragmenten des Brunnens ziemlich zugesetzt. Unaufhaltsam frisst es sich durch Eisen, Guss und Holz. Die einsamen Gräber von Shoesmith, Thompson und Chinaman liegen am Rand der Lehmpfanne. Etwas abseits das Grab von McLernon.

Direkt hinter Well 37 geht es wieder in die Dünen der Great Sandy Desert, die nun immer enger zusammenrücken. Bisher lagen die Täler zwischen den einzelnen Sandwellen weit auseinander. Nun folgt eine Erhebung nach der anderen. Ein ständiges Auf und Ab. Längst messen wir die Entfernung nicht mehr in Kilometern, sondern in Dünen. Fast 80 sind es an diesem Tag, und dazwischen habe ich mir wieder mal den linken Koffer abgerissen.

Es ist schon spät am Nachmittag, die Dämmerung setzt langsam ein, und wir sind ordentlich bedient. Da bringt der Lake Tobin im entscheidenden Moment den dringend benötigten Motivationsschub. Der Salzsee ist etwas Besonderes – der Highway auf dieser Route. Fester Untergrund, leicht grasiger Bewuchs. Wir können Gas geben, hinauf bis in den vierten Gang schalten. Was für ein Vergnügen. Es dauert genau 20 Kilometer lang, dann ist es vorüber, und wir stehen am nördlichen Ende des Lake Tobin wieder im Tiefsand.

Noch drei Kilometer bis Well 40. Luftlinie. Das schaffen wir. Obwohl wir ausgelaugt und am Ende unserer Kräfte sind, wollen wir dort hin. Unbedingt. Warum? Weil es nicht mehr weit ist. Doch so ein GPS kann verdammt trügerisch sein. Wir bekommen das schnell zu spüren. Die Piste windet sich und führt in jede Richtung. Nur nicht zu Well 40. Nach fünf Kilometern geben wir entnervt auf. Es hat nicht sollen sein. Die Canning hat uns wieder einmal Demut gelehrt. Es ist schon dunkel, und wir müssen erneut mitten auf der Piste campen, weil das dichte Spinifexgras keinen Meter Platz für das Zelt lässt. Erschöpft sinken wir in einen tiefen Schlaf.

Kapitel 11 – A. Hülsmann

Wasser zum Überleben

»Als wir morgens aufbrechen, hat jeder nur noch einen Liter Wasser zur Verfügung.«

Verdammt, was ist das? Dieses Geräusch passt nicht in meinen Traum. Ein Klappern, das ich nicht einordnen kann. Es dauert einen Moment, bis mir klar wird, dass dieser Lärm nichts mit meinem Traum zu tun hat, sondern mit der wirklichen Welt. Ich blinzle aus dem Zelt und blicke direkt auf die riesige Bullbar, den Rammschutz eines Geländewagens. »Verflucht«, schreie ich Jörg an, »wir haben total verpennt!« Umständlich schäle ich mich aus dem Schlafsack und krieche aus dem Zelt. Alles tut weh. Knochen, Muskeln, vor allem mein Knie. »You're allright?«, schallt es mir mit lauter Stimme entgegen. Am Steuer des Autos sitzt ein kräftiger Kerl, der seinen Hut tief ins Gesicht gezogen hat. Er versucht auszuloten, wie er seinen 4WD am besten um unser Zelt zirkeln kann. Warum wir denn unser Lager mitten auf der Piste aufgeschlagen hätten, will er wissen, wo doch Well 40 nur ein paar Kilometer entfernt liege. Ich versuche ihm gar nicht erst zu erklären, dass die Welt hier draußen auf dem Motorrad eine ganz andere ist, als die in einem komfortablen Toyota Landcruiser mit Air Condition. Er würde es sowieso nicht verstehen.

Der kernige Aussie hat es eilig. Mit viel Gas poltert er in seinem Allradauto über die Spinifexbüsche, winkt noch einmal kurz, bevor er hinter der nächsten Düne verschwindet. Es ist wieder totenstill. Ich sinke zu Boden, um mich erst einmal zu sammeln. Auch Jörg hat sich inzwischen aufgerappelt. »Was war das denn?«, will er wissen. Ich antworte mit einem lakonischen Achselzucken.

Auch Jörg sieht fertig aus. Wir beide sind kaputt, ausgebrannt. Achtzig Dünen waren es gestern. Die gleiche Zahl steht uns heute wieder bevor. Nur dürfte die Aktion diesmal etwas heftiger ausfallen, denn vor uns liegen die höchsten Dünen der ganzen Route. Eines der schwierigsten Teilstücke der ganzen CSR.

Mit gleichgültiger Routine erledigen wir das Zusammenpacken. Dann folgt für mich einer der schrecklichsten Momente des ganzen Tages: das Frühstück. Nicht nur das Müsli macht mir Kummer. Es fällt mir auch immer schwerer, diese lauwarme Plörre, Tee genannt, hinunterzuwürgen. Wir haben überhaupt nichts mehr, um diese Brühe geschmacklich wenigstens ein bisschen aufzuwerten. Der Zucker ist schon längst aufgebraucht, und auch sonst befindet sich, abgesehen von ein paar Müsliriegeln und einigen Päckchen Zwei-Minuten-Nudeln, nichts mehr Essbares in unseren Koffern.

Keine 300 Meter von unserem Nachtlager entfernt

stoßen wir direkt hinter einer Kurve auf den Abzweig zu Well 40. Ein kleiner verschlungener Weg führt zu diesem Brunnen, der etwas abseits der Piste liegt (21° 40' 05" Süd, 125° 47' 19" Ost). Seine Überreste dümpeln in einer schmutzig brackigen Brühe. Ein unansehnliches Gewässer, dessen Lebensdauer begrenzt ist. Die Regenzeiten im Nordwesten Australiens waren in den letzten Jahren besonders intensiv. Es gab riesige Überschwemmungen, die Pfütze ist ein Überbleibsel davon.

Etwas weiter, auf einer kleinen Anhöhe, liegt ein Grab. Michael Tobin fand darin seine letzte Ruhestätte. Es war eine tragische Geschichte, die sich im April 1907 an Well 40 ereignete. Nie konnte geklärt werden, was eigentlich genau passierte. Nur eines steht fest: Dass dieser Vorfall zwei Menschen das Leben kostete. Tobin war, aus welchen Gründen auch immer, mit einem Ureinwohner aneinander geraten. Der Streit endete damit, dass Tobin mit einem Speer am Hals schwer verletzt und der Aborigine erschossen wurde. Der Eingeborene verstarb an Ort und Stelle an der Schusswunde. Michael Tobin erlag einen Tag später seinen Verletzungen.

Besonders tragisch macht die Geschichte die Tatsache, dass Tobin das einzige Mitglied auf Cannings Expedition war, der den Aborigines Respekt entgegenbrachte. Er interessierte sich für ihre Kultur und kritisierte den Umgang seines Bosses mit den Ureinwohnern. Tobin wehrte sich gegen die oft unmenschlichen Methoden, die Alfred Canning anwandte, um die Wasserlöcher zu finden.

Wir kehren wieder zurück zum Track. Sind nervös, da nun eines der schwierigsten Teilstücke dieser Route vor uns liegt. Die Erzählungen der Geländewagenfahrer sorgten bei uns beiden für mächtig Respekt. Wir fürchten diese Monsterdünen bereits, ohne sie zuvor gesehen zu haben.

Schon kurz nachdem wir wieder auf der Piste sind, kommt es zum zweiten Kontakt an diesem Tag. Von weitem winken uns aufgeregte Hände entgegen. Ein ganzer Trupp ist Richtung Süden unterwegs. Im ersten von vier Wagen sitzt ein junger Mann hinter dem Steuer, daneben seine Frau. Von den hinteren Sitzen starren mich drei Augenpaare ungläubig an. Die Kinder auf der Rückbank sind eingezwängt zwischen der Campingausrüstung, zur Bewegungsunfähigkeit verdammt. Sie hätten gestern schon erwartet, auf uns zu treffen. Wir seien wohl ziemlich langsam, erklärt man uns. Jeder, der in diesen Tagen von Halls Creek aufbreche, sei schon sehr gespannt, die beiden »Germans« zu sehen, die auf Motorrädern unterwegs seien. Dann erzählen sie von den hohen Dünen, die ein paar Kilometer weiter nördlich auf uns warten würden, und was für Schwierigkeiten sie gestern beim Überqueren gehabt hätten.

Bis zu Well 41 verläuft zunächst alles normal. Schnell kommen wir in unseren gewohnten Rhythmus. Düne rauf, Düne runter, Termitenhügel köpfen, sich durch dichtes Laub schlagen, versuchen, die Maschine in der Spur zu halten, wenn einer der Koffer mal wieder hängen geblieben ist. »Is just another sanddune«, wird zu einer geflügelten Redensart, wenn wir wieder mal einen dieser Sandberge bezwungen haben.

13 Dünen später stehen wir vor den Überresten von

Well 41 (21° 33' 12" Süd, 125° 50' 53" Ost). Wir halten uns nicht lange an diesem Brunnen auf, denn was nun auf uns wartet, wollen wir möglichst zügig hinter uns bringen. Und schon taucht das erste Sandmonster auf. Sieht eigentlich gar nicht so gewaltig aus. Doch die Spur, die hinaufführt, ist endlos lang und endet weit über unseren Köpfen im Blau des Himmels. Mir wird etwas flau im Magen.

»Es hilft alles nichts, wir müssen da rauf.« Mit diesen Worten legt Jörg den ersten Gang ein und fährt los. Sand spritzt im hohen Bogen in den Himmel, die Stollen wühlen sich durch den losen Untergrund. Es dauert entsetzlich lange, bis das Kreischen des Motors verstummt und Jörg endlich auf dem Gipfel der Düne steht. Nun bin ich an der Reihe. Gang rein und los. Doch die Maschine bewegt sich nicht nach vorn, sondern taucht nach hinten unten weg. Mehr Gas. Das hilft. Langsam schiebt sich die BMW jetzt vorwärts. Ihr Einzylindermotor jault, als würde er um Gnade flehen. Jörg steht oben auf der Düne, kreist wild mit den Armen und ruft wie besessen: »Gas, Gas, Gas, Gas!« Tu ich doch schon. Der Motor vibriert wie eine Wäscheschleuder, die Drehzahl hat den roten Bereich wohl schon überschritten. Wie lange das 650er-Triebwerk das wohl noch durchhält? Dann endlich ist es auch für mich geschafft.

Die nächste Monsterwelle ist schon in Sicht. Den Hang runter, mit Schwung durch das Tal, dann den Gegenhang wieder rauf. Das ist wie eine Schifffahrt im Sturm, nur dass auf dem Wasser keine Büsche wachsen, die einen immer wieder ausbremsen.

Wir stehen am Abzweig zu Helena Springs. Laut Karte sind es 55 Extrakilometer zu diesem Wasserloch, das offiziell nicht zur Canning gehört. Die gesamte Runde führt nach zirka 200 Kilometern Richtung Norden wieder auf die CSR zurück. Helena Springs muss ein schöner Ort sein, denn David Carnegie, ein weiterer Pionier Australiens, bezeichnete diese Wasserstelle als die Perle der Wüste.

Wir beratschlagen. Wenn wir nur nach Helena Springs fahren und auf den Loop verzichten, sind es hin und zurück immer noch 110 Kilometer. Vielleicht würde das Benzin für diesen Abstecher reichen, aber nur vielleicht. Seitdem wir Kunawarritji verlassen haben, ist bereits der Inhalt von drei der vier Reservekanister in den Tanks verschwunden. Und die Community liegt gerade mal 200 Kilometer zurück. Die Eintöpfe entpuppen sich in diesem Sand als wahre Schluckspechte. An die neun Liter laufen auf 100 Kilometer durch die Einspritzdüsen. Bis Billiluna sind es noch rund 500 Kilometer – das könnte knapp werden. Die Vernunft siegt, und wir verzichten auf den Anblick von Helena Springs.

Das Lager für die Nacht schlagen wir auf dem Gipfel einer Düne auf. Logenplatz. Die Motorräder fahren wir gar nicht erst an die Seite, wir lassen sie einfach in der Spur stehen. Heute kommt sowieso niemand mehr vorbei. Zelt aufbauen, Holz sammeln und dann einfach vor dem Feuer sitzen, träumen und in die Weite der Landschaft hinausstarren. Ein Moment, in dem einem die Welt gehört und den man mit nichts und niemandem tauschen möchte. Es sind diese Augenblicke, die einen die Anstrengungen des Tages vergessen lassen. Wenn die Sonne hier draußen geht, verabschiedet sie sich mit einer Sinfonie der Farben. Dann streift ein märchenhaftes Licht an den Dünen entlang. Traumhaft.

Der nächste Morgen ist wieder Realität. In der Dämmerung heißt es aufstehen. Zusammenpacken und los. Bis 9.00 Uhr sind die Temperaturen noch halbwegs erträglich, danach steigen sie schnell. Uns wird bewusst: Je weiter wir nach Norden kommen, desto wärmer das Klima. Die Tageshöchsttemperaturen liegen nun um die 35 Grad Celsius. Manchmal sehne ich mich nach den frostigen Morgen unten im Süden zurück. Die täglichen Etappen haben sich bei etwa 90 Kilometern eingependelt, manchmal etwas mehr, manchmal etwas weniger. Ich beginne mit ersten Hochrechnungen. Wie viele Tage noch bis Billiluna? Wie ich diese Aborigine-Siedlung mittlerweile herbeisehne. Billiluna – das bedeutet etwas Vernünftiges zu Essen, Benzin, das Ende der Strapazen, der Beginn der Zivilisation. In diesem kleinen Dorf stecken Sehnsüchte.

Immer öfter durchqueren wir riesige Lehmpfannen. Vegetationslose Flächen mit hartem Untergrund. In der Mitte befindet sich meist ein kleiner See, in dem sich das restliche Wasser aus der Regenzeit sammelt. Wir vermeiden es, in die Nähe des Ufers zu fahren, wo der Boden aufgeweicht und schlammig ist. Diese »Claypans« sind zwar eine willkommene Abwechslung zur sandigen Piste. Doch bei Regen kann die Durchquerung einer solchen Lehmpfanne problematisch werden und sich über ein oder zwei Tage hinziehen. Manche sitzen sogar Wochen darin fest. Alles schon vorgekommen.

Vor drei Jahren erwischte es eine ganze Gruppe. Sie wurde vom Regen überrascht, der zu Beginn oder zum Ende des Winters gerne schon mal früher beziehungsweise später einsetzt. Die Gruppe startete Ende April, und das war zu früh. Denn in dieser Zeit kommt es häufig vor, dass sich am Himmel ein paar Nachzügler von Regenwolken zusammenraufen und ordentlich Wasser ablassen. So auch in diesem Fall. Einen Tag lang schüttete es. Das reichte, um die Leute für fast zwei Wochen festzusetzen. Mit einem Hubschrauber holte man sie schließlich heraus. Einen Monat später wurden die Autos geborgen. Jetzt haben wir Mitte Juli. Eine gute Zeit, denn dieser Monat ist der kälteste und trockenste. So wird uns das Schicksal jener Gruppe wohl erspart bleiben.

Die mächtigsten Dünen liegen nun hinter uns. Wir passieren Well 42 (21° 18' 56" Süd, 125° 52' 57" Ost). Von diesem Brunnen, der früher bestes Trinkwasser lieferte, sind heute nur noch ein paar morsche Holzpfähle und ein versandetes Erdloch zu sehen. Wir blicken nach vorn. Was hatte Bruce in Durba Springs gesagt: »Wenn Well 46 hinter euch liegt, dann habt ihr es geschafft.« Der Rest sei, wie Bruce sich ausdrückte, »a kid's playground«, ein Kinderspielplatz. Und Well 46 liegt in Schlagweite. Wenn nicht heute, dann werden wir spätestens morgen dort sein. Wir müssen. Denn an Well 46 gibt es im Überfluss, was uns langsam knapp wird: Wasser.

Die Strecke durchquert den Guli Lake, eine fünf Kilometer breiten Salzlake. Der See führt nur nach starken Regenfällen Wasser. Sein harter Untergrund ist trügerisch: Schon nach kleinen Schauern weicht die Oberfläche auf und wird zu einer morastartigen Masse, die alles festhält, was mit ihr in Berührung kommt.

Immer häufiger stoßen wir auf seismische Linien, die plötzlich auftauchen und genauso schnell wieder verschwinden. Minengesellschaften suchten im Norden der Great Sandy Desert intensiv nach Bodenschätzen. Erdöl und Erdgas waren die Objekte ihrer Begierde. Um sich Klarheit über die Beschaffenheit des Erdreiches zu verschaffen, wurden künstliche Wellen erzeugt, kleine Erdbeben. Doch die Geologen fanden nicht mehr als jede Menge Sand und Gestein. So zogen sie unverrichteter Dinge wieder ab.

Die Canning variiert jetzt häufiger ihre Beschaffenheit. Zwischen den tiefen Sandpassagen tauchen immer öfter Strecken mit festem Untergrund auf. Gerade noch im Schneckentempo vorangekrochen, können wir plötzlich Gas geben. Das tut gut. Well 43 liegt schon lange hinter uns, als wir nach einer großen Düne auf ein weiteres Relikt des Scheiterns treffen: Unter einem Eukalyptusbaum steht das Gerippe eines Motorrades. An dem Rahmen hat die Zeit bereits sichtbar genagt. Der Rest des Vehikels fand anderweitig Verwendung, denn außer dem stählernen Skelett ist weit und breit nichts zu sehen.

Es ist heiß, und nicht die geringste Luftbewegung ist auszumachen. Meteorologischer Stillstand. Auch der

Fahrtwind verschafft keine Abkühlung, dafür sind wir einfach zu langsam. Wir nuckeln ständig an unseren Camelbags, den Trinkbeuteln, die wir im Rucksack auf dem Rücken tragen. Der Wasserverbrauch ist rapide gestiegen, unsere Ressourcen werden langsam knapp. Zum letzten Mal haben wir an Well 33 Wasser aufgefüllt, das ist jetzt vier Tage her. Wir müssen morgen Well 46 erreichen, sonst wird es eng.

Der Abzweig zu Well 44 kommt in Sicht. Der Brunnen liegt 17 Kilometer von der heutigen Route entfernt. Nach der Streckenbeschreibung gibt es dort nicht mehr als morsche Holzreste und ein kleines Loch in der Erde. Der Entschluss ist schnell gefasst: Well 44 wird ersatzlos von der Besuchsliste gestrichen. Wir können und wollen uns wegen des knappen Wasservorrates keine Verzögerung leisten. Eine Handvoll Sanddünen müssen noch dran glauben, dann schlagen wir am Ende des Tages unser Lager auf einem der sandigen Gipfel auf. Das Gespräch an diesem Abend dreht sich vor allem um das Wasser. Bis Well 46 sind es noch 60 Kilometer. Eigentlich keine große Entfernung. Aber was für Überraschungen hält die Canning bis dahin für uns bereit?

Als wir morgens aufbrechen, hat jeder nur noch einen Liter Wasser zur Verfügung. Nicht bedrohlich, aber doch knapp. »Wenn etwas schief läuft, geht es nach dem Notfallplan«, sage ich zu Jörg. Er sieht mich mit großen Augen an. »So etwas haben wir?« »Im Moment noch nicht«, antworte ich, »aber wenn etwas passieren sollte, dann haben wir einen.« Jörg lächelt nur müde über meinen kläglichen Versuch, die Sache mit dem Wasser nicht ganz so ernst zu nehmen.

Kurz nach der Abfahrt taucht Well 45 auf. »Welcome to Halls Creek Shire«, begrüßt uns ein riesiges Schild. Das riecht nach Zivilisation. Mein erster Gedanke: Jetzt haben wir es geschafft. Doch schon in der nächsten Sekunde holt mich die Realität wieder ein. Denn es sind noch mindestens 500 Kilometer bis nach Halls Creek. Dafür werden wir drei bis vier Tage benötigen.

Gerade als wir uns wieder auf die Motorräder setzen, streift mein Blick zufällig Jörgs Vorderrad und bleibt am Ventil hängen. »Hoppla«, entfährt es mir. Jörg blickt mich fragend an. »Dein Ventil ist kurz davor, sich vom Rad zu verabschieden und dabei die ganze Luft mitzunehmen«, kläre ich ihn auf. Worauf Jörg entsetzlich zu fluchen beginnt. Recht hat er. Musste das jetzt sein? So kurz vor dem rettenden Brunnen Nummer 46?

Wir stellen die Maschinen wieder ab und begutachten den Schaden. Das Ventil ragt erschreckend schräg aus der Felge hervor. »Das Ding steht tatsächlich kurz vor dem Abriss«, pflichtet Jörg mir bei. Wir bocken das Motorrad auf, lassen die komplette Luft aus dem Schlauch und versuchen, den Reifen zurückzudrehen. In der Hoffnung, dass sich das Ventil aus der Schräglage zurück in eine senkrechte Position begibt. Es funktioniert. In der schwülen Hitze pumpen wir wieder Luft in den Reifen, dann endlich kann es weitergehen. Was für ein Glück. Hätten wir den Schaden nicht bemerkt, und das Ventil hätte sich mitten auf der Piste in die Büsche geschlagen, nicht auszudenken.

Dennoch: Die schweißtreibende Aktion verbrauchte die Hälfte unseres Wasservorrates. Nur noch eine lauwarme Pfütze schwappt in den Trinkbehältern. Wir müssen irgendwie nach Well 46. Und das noch heute.

Nach drei Kilometern verschwindet die Piste direkt im brackigen Wasser einer gefluteten Lehmpfanne und kommt erst nach etwa 300 Metern wieder zum Vorschein. Jeder Versuch, diesen Tümpel vorsichtig zu durchfahren, verbietet sich schon beim Betreten: Weißgrauer Modder klammert sich an die Stiefel und lässt sich nur sehr unwillig wieder von den Sohlen lösen. Ein kleiner Pfad zweigt rechts ab – die Umgehung. Die Verfolgung der Spur ähnelt einer Schnitzeljagd. Wir sind für jeden Hinweis dankbar, der uns in die richtige Richtung lenkt. Fast fünf Kilometer weit turnen wir suchend durchs Unterholz, bis wir endlich wieder auf der Canning Stock Route sind.

Die Stimmung ist gedrückt. Wenn das so weitergeht, werden wir Well 46 vor Einbruch der Nacht nicht mehr erreichen. Und dann? Wir wissen es nicht. Am besten nicht daran denken. Dichtes Buschwerk links und rechts der Piste bremst uns immer wieder aus. Das Ganze ist eine zähe Angelegenheit. Doch urplötzlich öffnet sich die Landschaft, und der Boden wird trocken und fest. Die Kilometer purzeln nur so. Was wir schon gar nicht mehr zu hoffen wagten, wird wahr: Well 46 ist bei 20° 38' 38" Süd, 126° 17' 16" Ost erreicht.

Jetzt heißt es Wasser marsch. Erleichtert füllen wir die Behälter bis zum Rand. Mit dem Wasser steigt auch unser Stimmungspegel. Der Rest der Canning dürfte Formsache sein. Wie man uns ja immer wieder sagte, soll es ab hier keine nennenswerten Dünen mehr geben. Wenn der Track bis zum Ende so bleibt, sind wir in Nullkommanichts in Halls Creek.

Da wir früher dran sind als erwartet, könnten wir sogar noch zu den Breaden Hills weiterfahren. In Perth sah ich ein Bild von diesen Hügeln in der Wüste: Rote Felsen glühen in der untergehenden Sonne. Was für ein Motiv. Nur zu gerne würde ich heute Abend am Fuß der Breaden Hills das Zelt aufschlagen. »Wird knapp«, meint Jörg. Er hat recht, und wir können es nur schaffen, wenn wir auf Well 47 verzichten und eine Abkürzung fahren, die einige Kilometer spart.

Doch die Canning, diese Diva, macht uns wieder einmal einen dicken Strich durch die Rechnung. Tiefsand wechselt sich mit Felsen ab, und wir kriechen wie die Schnecken über die Abkürzung. Fazit: Die Breaden Hills können wir für heute vergessen. Aus der Ferne sehen wir die Hügelkette am Horizont. Die farbenfrohe Inszenierung findet ohne uns statt.

Die Besichtigung findet am nächsten Tag statt. Diese Felsformation zog schon vor 120 Jahren die Pioniere an, und so wurde sie im Laufe der Jahre zu einer Informationsbörse. Die Entdecker hinterließen, eingeritzt in den Felswänden, Datum, Richtung, Angaben zu Wasserstellen und wie weit oder woher sie gekommen waren. Heute fahren die Leute hierher, weil Kaningarra Range, wie die Breaden Hills früher genannt wurden, mit zu den schönsten Orten auf der gesamten Canning Stock Route gehören. Zwischen den rostroten Felsen gibt es einzigartige Schluchten. Schade, dass die Mittagssonne fast alle Farben vernichtet. Doch bis zum Abend auf die Rückkehr der Farben warten? Wir würden einen ganzen Tag verlieren. Das Wasser wäre jetzt kein Thema mehr. Doch die Nahrung ist knapp. Gerade zwei Packungen Nudeln befinden sich im Koffer, und auch die Müsliriegel reichen nur noch bis morgen Mittag. Dann ist Schluss mit Essen.

Die Breaden Hills bedeuten das Ende der Dünen. Doch die Canning wäre ja nicht die Canning, würde sie uns auch nur eine Minute zur Ruhe kommen lassen. Tiefe Sandpassagen, dichtes Buschwerk oder gleich beides zusammen serviert sie uns. Danke. Kurz vor dem Ziel noch einmal das volle Programm. Wer die Schlussetappe unterschätzt, begeht einen kapitalen Fehler. Ein Beispiel ist ein ausgebrannter Geländewagen. Das rostige Gestell lässt noch erkennen, dass es sich bei dem Fahrzeug um ein aktuelles Modell handelt. Das Unglück geschah vor zwei Jahren. Spinifexgras hatte sich am Katalysator entzündet. Es dauerte nur wenige Augenblicke, bis sich das Feuer durch das gesamte Gefährt gefressen hatte. Den Insassen blieb gerade Zeit genug, den 4WD unversehrt zu verlassen. Der Wagen ist der traurige Reste eines Abenteuers.

Der restliche Tag ist ein einziger Kampf. Als bäumte sich diese Piste noch einmal gegen uns auf. Mir kommt es wenigstens so vor. Tiefer Sand und dichte Büsche. Ich habe eine unendliche Wut im Bauch, will nur noch hier raus und die Sache endlich zu Ende bringen. Den ganzen

Tag quälen wir uns. Ich habe das Gefühl, dass es auf dem ganzen Track noch nie so anstrengend war wie heute. Jörg und ich müssen jetzt die letzten körperlichen Kräfte mobilisieren.

Zu glauben, die letzten Kilometer wären »easy going« war leichtsinnig. Trotzig wie ein kleines Kind zerre ich am Gas. Stemme mich gegen die Hindernisse, die uns diese Piste immer wieder in den Weg stellt. Bis zu dem Moment, wo mich ein lauter Knall aus der Bahn wirft und mich samt Motorrad in die Büsche katapultiert. Wieder liege ich unter der Maschine, wieder ist mein Knie verdreht. Es dauert einige Minuten, bis ich mich unter der Last hervorgerappelt habe. Aufstehen ist unmöglich, der rechte Unterschenkel klappt immer wieder zur Seite weg. Und auf einem Bein kann ich im Sand das Gleichgewicht nicht halten. Jetzt hat dich die Canning doch noch geschafft, fährt es mir in den Kopf.

Jörg kommt herangebraust und erfasst die Lage mit einem Blick. »Das sieht nicht gut aus«, lautet seine treffende Diagnose. Er legt einen dicken Stretchverband an, so fest, dass er fast die Blutzufuhr zum Unterschenkel abschneidet. Aber anders geht es nicht, nur so kann ich mich halbwegs auf den Beinen halten. Gemeinsam richten wir die Fuhre wieder auf. Dann fahren wir noch einige hundert Meter, bis wir einen Platz für unser Zelt gefunden haben.

Dort begutachtet Jörg den Schaden. Das Knie ist so dick wie ein Kürbis. »Wenn du Glück hast, ist es nur eine Dehnung, wenn du Pech hast, ein Bänderabriss oder Kreuzbandriss«, diagnostiziert er. »Was ist dir lieber?«

Ich verstehe die Frage nicht. »Was meinst du damit?« »Na, Dehnung oder Abriss«, antwortet Jörg. »Was war noch mal besser?« »Dehnung.« »Gut, dann nehme ich die Dehnung.« Jörg legt daraufhin eine feste Bandage an. »Wenn du in der Nacht deine Zehen nicht mehr spürst, solltest du den Verband lockern.« Danke für den Hinweis. Dann kriechen wir in die Schlafsäcke.

Nur mit Mühe komme ich am nächsten Morgen in die Klamotten. Allein zehn Minuten dauert es, bis ich die Cross-Stiefel angezogen habe. Dann ist erst mal Pause. Jörg packt die ganze Ausrüstung zusammen. Er hat mir absolute Ruhe verordnet, und ich habe beschlossen, auf seinen Rat zu hören. Mitten auf der Piste liegend schaue ich ihm zu. Schließlich wird es ernst: Irgendwie muss ich jetzt in den Motorradsattel gelangen. Es braucht einige Versuche, aber letztendlich klappt es. Ich bin fest entschlossen, diesen Platz für den Rest des Tages nicht mehr aufzugeben.

Ebenso wie Well 49 lassen wir auch Well 50 am Rande der Piste liegen. Das erklärte Ziel ist Billiluna. Dort wollen wir heute hin. Ganz egal wie. Allein schon der Verpflegungssituation wegen: Die letzte Tütensuppe verputzten wir gestern Abend. Bis auf ein paar Teebeutel ist von unseren Vorräten nichts mehr übrig.

Der Zustand der Piste verbessert sich laufend. Der Untergrund wird fester, aus der Spur allmählich ein Weg. Wir durchqueren das Überschwemmungsgebiet des Lake Gregory. In der Trockenzeit schrumpft dieser See auf einige größere Tümpel zusammen, an denen sich Tausende Vögel versammeln. Hier am Lake Gregory treffen wir auf alte Bekannte. Zuerst ist es nur eine Vermutung, als wir diesen roten Punkt am Horizont sehen. Doch schnell wird es zur Gewissheit: Marilyn, Colin und Robert, die Hobby-Ornithologen, haben hier ihr Paradies gefunden. Die Freude ist groß, ebenso die Erleichterung, dass auch wir es bis hierher geschafft haben. Die drei campen schon seit zwei Tagen in dieser Gegend, um ihre geliebten Vögel zu beobachten.

Es ist ein Wiedersehen, das Zeit in Anspruch nimmt. Fast zwei Stunden sitzen wir zusammen und erwecken unsere Abenteuer auf der Canning Stock noch einmal zum Leben. Dann drängt die Zeit. Wenn wir Billiluna noch vor Ladenschluss erreichen wollen, müssen wir los. Ich halte kurz inne. Ist es zu fassen? Kaum ist die Zivilisation in Reichweite, muss man sich schon ihrem Diktat fügen. Aber so ist das Leben.

Bevor wir aufbrechen, bringen wir die Reifen wieder auf Normaldruck. Denn größere sandige Passagen sind nicht mehr zu erwarten. Andererseits: Wer weiß schon, was die Canning auf den letzten Kilometern noch an Überraschungen bereithält?

Kurze Zeit später zeigen sich erste Anzeichen zivilisierten Lebens: grasende Rinder. Wir bewegen uns also wieder auf Farmland. Die Piste wird immer breiter, bis sie die Dimensionen eines Highways erreicht. Jetzt ist es offensichtlich: Die Canning Stock Route, diese launische alte Diva, hat es endgültig aufgegeben, uns zu striezen. Die paar Tiefsandpassagen, die den Schotter ab und zu unterbrechen, tun wir als ein letztes kurzes Aufbäumen ab, das uns nicht mehr aufhalten kann.

Das Ziel ist längst anvisiert. Das GPS hat den Wegpunkt 19° 33' 15" Süd, 127° 40' 40" Ost schon erfasst. Billiluna liegt geradeaus direkt vor uns. Auf der breiten Piste schmelzen die Kilometer nur so dahin. Schneller als wir es erwarten, tauchen die Hütten der Aborigine Community vor unseren Lenkern auf. Wir rollen zur Zapfsäule, stellen die Maschinen ab und atmen erst einmal tief durch. Geschafft. Die Distanz, die Canning Stock Route, das Abenteuer. Auf einmal ist es vollbracht. Als ob der Hammer fällt. Wir sind glücklich und erleichtert. Euphorie? Jubel? Merkwürdigerweise nicht. Das kommt wahrscheinlich später. So wie bei den Mount-Everest-Bezwingern. Wenn die endlich auf dem Gipfel stehen, so habe ich gelesen, sind sie zuerst einmal fix und fertig. Von Euphorie keine Spur.

Einsam stehen wir vor der Zapfsäule. Ein bisschen Aufmerksamkeit hätten wir uns schon gewünscht. Aber niemand interessiert sich für die Bezwinger des Outbacks, keine Menschenseele ist zu sehen. Nur ein paar streunende Hunde nähern sich vorsichtig, um die Fremden zu beschnüffeln. Nach einigen Minuten kommt ein Aborigine angeschlendert. Tiefschwarzes Gesicht, funkelnde helle Augen. Er ist nicht sehr redselig. Meinen Gruß: »How are you mate?«, entgegnet er mit einem knappen »How much?« Sein Wunsch nach Konversation beschränkt sich auf die Frage nach der Literzahl. Er betrachtet die beiden Motorräder und wird dann doch ein wenig neugierig. Sein Kopf deutet Richtung Süden. »Wiluna?« »Yes«, antworte ich mit Stolz in der Stimme, was ihn aber wenig beeindruckt. »40 bucks all together«. Damit ist die Unterhaltung beendet.

Benzin haben wir. Jetzt auf zum Shop. Der kleine Laden bietet wenig Gesundes. Egal. Das Angebot trifft uns mit voller Wucht: Schokoriegel, Coca-Cola, Erdnüsse, Bonbons, Fleischpasteten und so weiter. Das komplette Programm industriell hergestellter Fertignahrung. Der blätterige Teig mit der Fleischfüllung macht das Rennen. So heiß wie er ist, stopfen wir ihn uns in den Mund. Und Unbeschreibliches geschieht: Der Gaumen gerät außer Kontrolle, vergessene Sinne erwachen zu neuem Leben. Dieser fleischige Klops reanimiert auf einen Schlag sämtliche Geschmacksnerven.

Da wir nun die Sehenswürdigkeiten abgehakt haben und Billiluna nichts mehr bietet, das zum Verweilen einlädt, machen wir uns wieder auf die Socken. Wir biegen auf den Tanami Track ein, der hier die Canning Stock Route trifft. Die »Beef-Road« ist die schnellste Verbindung zwischen Halls Creek im Westen und Alice Springs im roten Zentrum. 1.000 Kilometer lang, so breit wie eine Autobahn und wie das Meer im Sturm mit Bodenwellen gespickt. Materialzersetzendes Wellblech. Ein paar Kilometer Gehoppel folgen, dann ist Schluss für heute. Ein letztes Mal zelten wir im Outback. Genießen die Wüste, bevor es morgen nach Halls Creek geht.

Die Nacht wird kurz und laut. Denn der Tanami Track ist für australische Verhältnisse sehr belebt, auch wenn man es ihm auf den ersten Blick nicht ansieht. Die ganze Nacht über poltern schwere Trucks die Piste entlang und reißen uns aus dem Schlaf.

150 Kilometer sind es jetzt noch bis Halls Creek. Im Gegensatz zu dem, was hinter uns liegt, ist die Tanami trotz des nervenden Wellblechs eine gemäßigte Ausflugsfahrt. Locker kommen wir nun auf die nötige Geschwindigkeit, um diese Bodenwellen auszureiten, denn endlich haben wir Platz genug. Jetzt, wo die Anspannung fällt, merken wir überdeutlich, wie ausgelaugt wir sind. Diese letzten drei Wochen stecken uns mächtig in den Knochen. Der Körper ist fertig, die Kraftreserven sind aufgebraucht. Nur der Kopf triumphiert, und Mengen von Endorphinen machen sich breit.

Zügig kommen wir voran. Die Augen suchen schon nach der Kreuzung, an der die Tanami auf den Highway Number One trifft. Schon mahnen die ersten Schilder, die Geschwindigkeit zu reduzieren. Was wir auch brav befolgen. Es wäre ja zu dumm, wenn auf den letzten Kilometern noch etwas passieren würde.

Die Number One führt direkt nach Halls Creek. 15 Minuten Fahrzeit. Der Untergrund ist grau, fest und hat weiße Streifen in der Mitte. Was ist das? Ach ja: Asphalt. Hatten wir völlig vergessen, dass es so etwas noch gibt.

Schließlich rollen wir nach Halls Creek hinein und steuern auf direktem Weg die Polizeistation an. Jeder, der von Wiluna über die Canning nach Halls Creek kommt, ist ja verpflichtet, sich zurückzumelden. Wie schon der Polizist in Wiluna zeigt sich auch sein hiesiger Kollege äußerst desinteressiert. Unsere Rückmeldung wird kommentarlos entgegengenommen, das Stück Papier verschwindet auf Nimmerwiedersehen in einem dicken Ordner. Wie schon beim Start in Wiluna vermutet: Wäre uns unterwegs etwas passiert, wären wir komplett auf uns alleine gestellt gewesen.

Nächster Anlaufpunkt ist das Krankenhaus. Ich muss wissen, wie das mit meinem Knie weitergehen soll. Der diensthabende Arzt ist zwar sehr höflich und zuvorkommend, jedoch schon nach fünf Minuten mit seiner Diagnose fertig: »Scheint eine Bänderdehnung zu sein. Am besten, Sie schonen das Bein in nächster Zeit.« »Und sonst?« »Nichts.« »Keine Medikamente, kein Verband?« »Nein. Das macht dann 100 Dollar.« Den Stundenlohn möchte ich auch haben. Wenigstens können wir beruhigt sein, dass die Bänder nur gedehnt und nicht gerissen sind.

Mit einem Mal fällt jetzt die ganze Anspannung von uns ab. Es ist tatsächlich vollbracht. 2.000 Kilometer Sand und 1.000 Dünen liegen hinter uns. Auch wenn es hier in Halls Creek immer noch keinen Menschen interessiert: Wir haben die längste Offroad-Piste der Welt bezwungen. Als erste Europäer nur mit Motorrädern. Ganz alleine ohne Begleitfahrzeuge. Wir haben es ihr gezeigt, dieser Canning. Ihr den Schneid abgekauft. Wie damals die Viehtreiber. Ebenso wie diese Männer haben wir aber auch Demut erfahren und unsere körperlichen und mentalen Grenzen. Haben am eigenen Leib verspürt, wie winzig und hilflos der Mensch trotz seiner technischen Errungenschaften in dieser gewaltigen und mächtigen Natur ist. Dass es trotz GPS, Satelliten-

Tracking, Spezialausrüstung und Membranbekleidung immer noch auf die Person im Sattel ankommt. Wenn die körperlich und mental nicht fit ist, nützt eine auch noch so perfekte Vorbereitung nichts.

Unsere Vorbereitung die Canning betreffend erweist sich rückwirkend betrachtet als rundum gelungen. Wir hatten die Sprit- und Wassersituation korrekt eingeschätzt und unsere Kräfte richtig eingeteilt. Wirkliche Fehler unterliefen uns mit Ausnahme der Kalorienfrage nicht. Besonders stolz sind wir darauf, dass unser Tandem so gut funktionierte. Trotz oder gerade wegen unserer unterschiedlichen Charaktere ergänzten wir uns gegenseitig und erwiesen uns als das perfekt Team.

Träume nicht dein Leben, sondern lebe deine Träume, lautet ein weiser Spruch. Wir befolgten ihn und machten unseren Traum, die Canning Stock Route mit dem Motorrad zu befahren, wahr. Eine Entscheidung, die wir niemals bereuen werden und die unser Leben entschieden bereichert hat. Wir können deshalb jedem nur raten, seine eigenen Träume nicht auf die lange Bank zu schieben, sondern zu versuchen, sie zu leben.

Historie

Pioniere Australiens

Australien in der Mitte des vorletzten Jahrhunderts. Mehr als eine Million Siedler versuchen in der neuen Welt Fuß zu fassen. Viele werden angelockt durch die Goldfunde rund um die Stadt Bendigo. Die gesamte Küstenlinie ist bereits kartiert und damit auch das Ausmaß des fünften Kontinentes bekannt. Doch wie sieht es im Inneren des Landes aus? Welche Schätze erwarten dort die Siedler? Sind es fruchtbares Ackerland, Weiden für die Schafzucht oder noch mehr Gold? Das rote Zentrum Australiens ist immer noch ein weißer Fleck auf den Landkarten.

Nun beginnt die Ära der Pioniere und Abenteurer. Diese Männer zieht nicht nur die Neugier in das unentdeckte Innere des Landes. Sie streben nach Ruhm und Anerkennung, einige wollen sogar in die Geschichte eingehen.

Die ersten Versuche, das Outback von Süden nach Norden zu durchqueren, scheitern an den extrem harten Bedingungen und der lebensfeindlichen Natur. John Eyre wagt es 1838 als Erster. Der Viehzüchter und seine Männer kommen bis zu einem riesigen Salzsee. Dort drehen sie um, nachdem sie gerade ein Viertel der gesamten Strecke geschafft haben. Wenige Jahre später versucht es Charles Sturt. Auch seine Expedition muss mit der fürchterlichen Dürre kämpfen. Sturt erblindet auf dieser Reise und muss aufgeben.

Dramatisch verläuft die Entdeckungsreise von Robert Burke und William John Wills. Obwohl beide völlig unerfahren sind, wird ihnen 1860 die Leitung einer Expedition übertragen, die es endlich schaffen soll, den Kontinent von Süden nach Norden zu durchqueren. Die Regierung lobt bei Erfolg eine Belohnung von 2.000 Pfund aus.

Die Chancen für Burke und Wills stehen nicht schlecht, denn sie gehen mit der besten Ausrüstung auf die Reise, die damals zur Verfügung steht: 28 Pferde und Wagen, 24 Kamele, Nahrung für zwei Jahre und sechs Tonnen Feuerholz sollen den Erfolg sichern. Doch eine ganze Reihe von Fehlentscheidungen führen zu einem tragischen Ende. Die erste: Burke geht es nicht schnell genug voran. Er weiß, dass der erfahrene Entdecker John Stuart kurz vor dem Start zu einer Expedition steht und fürchtet, dieser könne vor ihm am Ziel sein.

Schließlich teilt er die Expedition. Mit sieben seiner Männer und leichtem Gepäck eilt er dem Tross voraus. Dieser soll so schnell wie möglich nachrücken. Unterwegs wählt Burke einen günstigen Ort für ein Basislager und schickt einen Mann zurück, der den Rest der Expedition zu diesem Punkt führen soll. Dann macht er sich am 16. Dezember 1860 mit drei Begleitern auf in Richtung Meer zum Golf von Carpentaria.

Diese vier Männer, Robert Burke, William John Wills, John King und Charles Grey haben für fünf Wochen Nahrungsmittel dabei. Zunächst verläuft ihr Marsch erfolgreich. Dann versperren ihnen Sümpfe den Weg. Burke weiß, dass sie kurz vor dem Ziel stehen, da Flüsse und Bäche deutlich unter dem Einfluss der Gezeiten stehen. Sie vermuten jedoch, dass sie in der zur Verfügung stehenden Zeit das Meer nicht erreichen werden. Also drehen sie um. Der Rückmarsch wird zum Fiasko. Dauerregen weicht die Erde auf und lässt die Männer erkranken. Charles Grey stirbt an Ruhr. Seine entkräfteten Weggefährten brauchen einen Tag, um ihn zu beerdigen. Ein Zeitverlust, der sich bitter rächt. Denn Burke, Wills und King finden das Basislager verlassen – der Rest der Expedition hat sich kurz vor ihrem Eintreffen auf den Rückweg gemacht. Sie müssen ihre Leute nur um Stunden verpasst haben. Selbst die Feuerstelle im Basislager ist noch warm. In einem Baum finden sie eingeritzt den Hinweis: »Dig 3 Feet N.W.« Sie sollen in drei Fuß Entfernung Richtung Nordwesten graben. Was sie finden, sind etwas Nahrung und einige Ausrüstungsgegenstände – zu wenig zum Überleben. Burke und Wills sterben kurz darauf an Entkräftung. King wird von Aborigines gefunden, die ihn wieder auf die Beine stellen.

Tragischerweise war die Eile, die Robert Burke an den Tag legte, gar nicht nötig. John Stuart bricht erst 1862 zu seiner Süd-Nord-Durchquerung auf. Er versucht es auf einer günstigeren Route und erreicht tatsächlich Darwin. Dort stirbt Stuart wenig später an den Folgen der strapaziösen Expedition. Er geht in die Geschichte ein als der erste Mensch, dem es gelingt, den australischen Kontinent komplett von Süd nach Nord zu durchqueren.

Neben zahlreichen australischen Abenteurern ist es auch ein Deutscher, der die Erkundung des Outbacks vorantreibt: Ludwig Leichhardt, ein 1813 geborener Preuße. Äußerlich entspricht er ganz und gar nicht dem

Bild eines Abenteurers. Aus historischen Aufzeichnungen geht Leichhardt als zart besaiteter Mensch hervor. Mit den preußischen Tugenden Beharrlichkeit und Disziplin ausgestattet, studiert er in Berlin und Göttingen Naturwissenschaften und verehrt wie viele Studenten seiner Zeit den großen Entdecker Alexander von Humboldt.

1842 kommt Ludwig Leichhardt in Sydney an. Schon zwei Jahre später, am 1. Oktober 1844, macht er sich von Jimbour, ca. 250 Kilometer westlich von Brisbane, auf in Richtung Port Essington. 18 Monate später und nach mehr als 4.800 Kilometern erreicht die Expedition die Nordküste. Die erste Teildurchquerung des Kontinentes ist geglückt. Der junge Preuße ebnet mit dieser Expedition der Besiedlung Nordost-Australiens den Weg, und eine große Zahl von Kolonisten folgt seinen pedantischen Aufzeichnungen.

Doch Leichhardt will mehr. Er strebt eine komplette Durchquerung des Kontinents von Osten nach Westen an. Schon 1846 wagt der Entdecker eine weitere Expedition. Nach fünf harten Monaten gibt er auf und kehrt zurück zu Ostküste. Doch Leichhardt lässt sich nicht in die Knie zwingen. Am 5. April 1848 macht er sich mit sechs Begleitern erneut auf, um einen Landweg ins 4.000 Kilometer entfernte Perth zu finden. Seit diesem Tag sind Leichhardt und seine Männer verschwunden. Bis heute fehlt von der Expedition jede Spur. Nur die Aborigines glauben, den Grund zu kennen: »Die Erde hat die Menschen verschluckt, weil sie sie nicht respektieren.«

Wenn es keinen Arzt gibt

Jeder kennt sie, hat sie vielleicht selbst schon gewählt oder zumindest etwas davon gehört: die in Deutschland gebräuchliche Notrufnummer 112. Wer sie ins Telefon eintippt, erreicht rund um die Uhr eine Notfallzentrale, die sofort Hilfe auf den Weg schickt. In der Wildnis eines fremden Kontinents existiert dieses Sicherheitssystem nicht. Kommt es dann zum Notfall, ist man auf sich alleine gestellt. Dann gibt es zwei Dinge, die lebensrettend sein können: vernünftige Kenntnisse in Erste Hilfe und eine gut ausgestattete Reiseapotheke.

Erste-Hilfe-Kurse bieten alle bekannten Hilfsorganisationen wie z. B. das Deutsche Rote Kreuz oder die Johanniter an. Der Ortsverband um die Ecke gibt Auskünfte über Zeitpunkt, Dauer und Kosten solcher Kurse. Wer dabei die Grundbegriffe des »Ersthelfens« erlernt, hat bei einem Notfall unterwegs gute Chancen, zumindest das Schlimmste abzuwehren und so lange ausharren zu können, bis Unterstützung kommt.

Einen speziellen »Outdoor-Erste-Hilfe-Kurs« für Notfälle in der Wildnis, wo keine Hilfe zu erwarten ist, gibt folgende Organisation:

Johanniter-Akademie
Johanniter-Unfall-Hilfe e. V
Outdoor-Erste-Hilfe

Weißenburgstr. 48
48151 Münster
Fon 0251/97230-0

Wer darüber hinaus spezielle Fragen hat, wendet sich an:

Rettungsdienstschule Göttingen
Berufsfeuerwehr Göttingen
Breslauer Str. 10
37085 Göttingen
Fon 0551/7075-0
www.rettungsdienstschule.goettingen.de

Ebenso unerlässlich wie Kenntnisse in Erste Hilfe ist eine funktionierende Reiseapotheke. Unsere bestand aus folgenden Medikamenten, Instrumenten und Verbandszeug:

Medikamente
- Tramadolor 100 ID (10 Kapseln) für mäßige bis starke Schmerzen
- Betagalen für entzündliche Hauterkrankungen
- Ciprofloxacin, 250 mg (20 Tbl.), Antibiotika
- Azutrimazol, Creme (25g-Tube), Antibiotika für Pilzinfektionen der Haut
- Fenestil für juckende Insektenstiche, allergiebedingte Hautkrankheiten 1. Grades sowie Sonnenbrand
- Loperamid STADA akut (10 Tbl.) für akute Diarrhöen
- Paracetamol 500 (30 Tbl.) für leichte bis mäßig starke Schmerzen und Fieber
- Paspertin (Tropfen) für Störung des oberen Magen-

darmtraktes, Übelkeit, Brechreiz und Erbrechen
- Voltaren-Salbe für Schmerzen, Entzündungen und Schwellungen, Sport- und Unfallverletzungen sowie Entzündungen oberflächlicher Venen
- Octenisept, Desinfektionsflüssigkeit
- Betagalen, cortisonhaltige Salbe z. B. für starken Sonnenbrand
- Diclac-5%-Gel, Salbe für Schmerzen, Entzündungen, Schwellungen, Sport- und Unfallverletzungen
- Sonoprop zur Wundheilung und -schutz

Auge/Ohr
- Q-Tipps
- Dexamytrex Kombipackung, bestehend aus Augensalbe und Ohrentropfen
- 1 Augenklappe
- 1 Augenkompresse 5,6 x 7,0 cm

Instrumente
- 1 Pinzette (spitz)
- 1 Pinzette (OP)
- 1 Klemme
- 3 Skalpells

– Kanülen	10 Stück	1 g (Einweg)
	3 Stück	23 g (Einweg)
– Spritzen	7 Stück	2 ml (Einweg)
	3 Stück	5 ml (Einweg)

- 2 Venenkanülen 12 g
- 2 Venenkanülen 18 g
- 2 Venenkanülen 20 g

- 2 Infusionssysteme
- 3 Nahtbestecke
- 1 Fieberthermometer
- Verbandszeug
- 2 Alu-Rettungsdecken
- 4 Paar Einweghandschuhe
- Pflaster (mehrere Hansaplaststreifen)
- 1 Rolle Leukoplast
- 1 Dreiecktuch
- 1 Verband (Rolle fest)
- 1 Verband Elastomull
- 3 Mullbinden 6 cm
- 2 Wundverbände 20 x 10 cm
- 2 Verbandstücher 40 x 60 cm
- 1 Verbandstuch 60 x 80 cm
- 1 Pack Sicherheitsnadeln
- 4 Verbandspäckchen 8 x 10 cm
- 4 Verbandspäckchen 10 x 20 cm
- 20 sterile Kompressen10 x 10 cm

Schienen
- 1 Sam Splint, eine flexibel formbare Schiene, leicht und gut zu verstauen
- 1 KTD Kendrick Traction Device Schiene, eine zusammensteckbare Schiene, die in der Länge variabel ist

Benötigt und verbraucht haben wir sämtliche Verbände und Mullbinden in Verbindung mit Voltaren- und Diclac-Salbe. Die Ursache waren zahlreiche Prellungen und das verdrehte Knie von Andreas. Jörgs Verdauungssystem konnte mit Loperamid beruhigt werden. Einige Paracetamol-Tabletten verhalfen Andreas zu schmerzfreiem Schlaf.

Zum Nachlesen

»Überleben ums Verrecken«
von Rüdiger Nehberg
Verlag Malik
ISBN 3-89029-219-4, Preis 22,90 Euro

»Wo es keinen Arzt gibt«
von David Werner
Verlag Reise Know How
ISBN 3-89416-035-7, Preis 17,50 Euro

Allgemeine Informationen

www.australien-info.de
www.reiseapotheke.de
www.reise-report.de

Infos

Reisedaten

Die Gesamtlänge unserer Australien-Reise betrug 10.000 Kilometer. Davon entfielen 2.000 Kilometer auf die Canning Stock Route und 650 Kilometer auf den Oodnadatta Track in South Australia.

Die Stationen der Reise lauteten: Perth, Kalgoorlie, Wiluna, Canning Stock Route, Halls Creek, Katherine, Alice Springs, Ayers Rock, Marla, Oodnadatta Track, Marre, Flinders Range, Adelaide, Melbourne.

Die Flugkosten betragen je nach Reisezeit für die Strecke Frankfurt – Perth – Melbourne – Frankfurt etwa 800 bis 900 Euro pro Person.

Die beiden Motorräder wurden auf dem Seeweg nach Australien geschafft. Als Transportkosten pro Maschine fallen etwa 1.000 bis 1.200 Euro an (Hamburg – Perth – Melbourne – Hamburg).

Der Preis, um ein Benzinfass mit 200 Litern Sprit zum Fuel Dump an Well 23 bringen zu lassen, beträgt 200 Australische Dollar.

Danksagung

Zum guten Schluss

Für die Unterstützung unseres CSR-Projektes möchten wir uns bei folgenden Firmen ganz herzlich bedanken:

Touratech, Niedereschach
Continental, Hannover
BMW Kohl, Aachen
BMW AG, München
Tourenfahrer, Euskirchen
Watzmann-Laden, Duisburg
Rukka, Finnland
Highlights-Verlag, Euskirchen

Ein besonderer Dank gilt:
Herbert Schwarz und Jochen Schanz
(Reiselogbuch und moralische Unterstützung)
Jo Glaser und Thomas Flemming
(Navigation und Satelliten-Tracking)
Clemens Matejka und Wolfgang Banholzer
(Aufbau der Motorräder und technischer Support)
Dr. Jürgen Barwing und Matthias Deppe
(medizinische Vorbereitung und Beratung)

Erstklassig
auf allen
Strassen
rukka®
Allroad Jacke 79238 725R, Hosen 79239 725R
www.rukka.com

»Dieses Buch handelt von der Leidenschaft, Motorrad zu fahren. Erzählt wird es von einem, der dem Virus Motorrad hoffnungslos verfallen ist. Rainer Janneck, Motorradfahrer und Romantiker, schreibt nicht über Weltreisen und Sensationen, sondern über Reisen um die Ecke. Reisen in Deutschland und Europa. Mit Blick auf den ersten Singvogel des Tages, feuchte Wiesen, duftende Wälder, ewige Berge, ostdeutsche Liebenswürdigkeit und bezaubernde Frauen.«

Martin Schempp
»Highlights-Verlag«

Ein Jahr, mein Motorrad und ich

Über die Leidenschaft, Motorrad zu fahren
Taschenbuchausgabe
128 Seiten

www.highlights-verlag.de

»Auszeit nennt man wohl eine vom Trainer einberufene Pause im Basket- oder Volleyballsport. Auszeit heißt dann, die Taktik zu überprüfen. In diesem Buch heißt Auszeit, die Strategie des Lebens zu überdenken. Konfrontiert mit den Schönheiten, aber auch der Gewalt der Natur wird dem kleinen Zwist daheim die Bedrohung genommen. Dieses Buch lädt ein zum Träumen. Der Traum ist dabei so wenig neu wie schön: Es ist der Traum von der Freiheit.«

Ulrich Porwollik
»WELT am SONNTAG«

Auszeit

25.000 Kilometer durch Südamerika
Taschenbuchausgabe
320 Seiten

www.highlights-verlag.de

»Das Sympathische an dem Buch ist, dass die sieben umfangreichen Geschichten aus sieben Kontinenten nicht nur reine Biker-Lektüre sind; obwohl die Texte natürlich eine Menge Tipps enthalten und von mancher motorradtypischen Schwierigkeit erzählen, spiegeln sie vor allem Land und Leute der bereisten Regionen wider. Denn bekannterweise gibt es neben dem Motorrad keine andere motorisierte Fortbewegung, die unmittelbaren Kontakt und direktes Erleben auf so ungefilterte Art und Weise erlaubt.«

Tobias Opitz
»Süddeutsche Zeitung«

7 Kontinente

Motorrad-Abenteuer rund um den Globus
gebunden mit Schutzumschlag
320 Seiten, 32 Farbfotos

Andreas Hülsmann

1961 geboren, machte er nach Abschluss seines Maschinenbau-Studiums und der Schule für Wirtschaftsjournalismus das Schreiben und Fotografieren zu seinem Beruf. Einem Volontariat folgten drei Jahre Arbeit als technischer Redakteur. Seit 1994 ist Andreas Hülsmann als selbständiger Journalist und Fotograf für renommierte Motorradzeitschriften tätig, unter anderem für den »Tourenfahrer«, »motorrad, reisen & sport« und »Enduro-Abenteuer«. Für den Highlights-Verlag schrieb er den Bestseller »Auszeit« sowie die Reiseführer Schottland und Sauerland. *Kontakt: www.kvisel.de*

Jörg Becker

Er sagt über sich: »Ich suche das Gleichgewicht zwischen meinen persönlichen Grenzen und der Wahrnehmung der Vielfalt des Erlebens.« Jörg Becker, Feuerwehrmann und Rettungsassistent bei der Berufsfeuerwehr in Göttingen, ist Jahrgang 1969 und bereist mit dem Motorrad die Welt. Seine Reisen führten ihn nach Afrika, Nord- und Südamerika, in die Antarktis, rund um das Schwarze Meer sowie durch weite Teile Europas.

Kontakt: www.csr2004.de